A Chave do Maior Segredo do Mundo/6ª edição
Autor: Lauro Trevisan
Lançamento: novembro 2007
Reescrito e ampliado: abril 2010
Capa: Andrey Lamberty

T814c
Trevisan, Lauro
A Chave do Maior segredo do Mundo / Lauro Trevisan - Santa Maria: Mente, 2016
256 p.

ISBN: 978-85-7151-049-4

1. Autoajuda 2.Psicologia-Motivação 3. Poder da Mente 4. Pensamento positivo 5. Saúde 6. Sucesso 7. Religião. I. Título

CDU 159.962.7

Ficha Catalográfica elaborada pela Bibliotecária Eunice de Olivera - CRB 10/1491

EDITORA DA MENTE

Editora e Distribuidora da Mente
Caixa postal 559 – cep: 97015-663
Santa Maria, RS, Brasil
Fone: (0xx55)3223.0202
Fax: (0xx55) 32217184
E-mail: mente@editoradamente.com.br
Autor:laurotr@uol.com.br
Site da Editora:www.editoradamente.com.br
Facebook do autor: www.facebook.com/lauro.trevisan.35

LAURO TREVISAN

A Chave do Maior Segredo do Mundo

6ª Edição

SANTA MARIA - RS
EDITORA DA MENTE
2016

***

Aconteceu no Oriente Médio. Mais ou menos há dois mil anos. A data não consta. Mas não importa, não muda nada. O sábio reuniu pessoas de sua confiança e revelou o segredo. Sem reserva de direitos autorais. Ninguém o levou a sério. Os ouvintes deixaram por isso mesmo, os cientistas sorriram da ingenuidade, os religiosos fizeram de conta que ninguém falou nada, a medicina mudou de assunto, os antropólogos sequer pararam para pensar. Uma afirmação assim, sem mais nem menos, feita por um personagem estranho, como poderia ser levada em conta?

O sábio meneou a cabeça e comentou: "Tendo olhos não veem e tendo ouvidos não ouvem. Mas não mudarei um til sequer do que revelei!"

E foi embora.

Juro que aconteceu. O segredo ficou registrado. Mas abandonado.

A roda do tempo girou. Passaram-se anos e séculos e muitas afirmações do sábio foram reconhecidas como da maior importância. Mas o segredo não vingou.

É tudo verdade. Se não for, me apedrejem.

Agora, me assaltou uma dúvida: devo torná-lo público? Vale a pena? Se nunca ninguém se interessou em abrir o baú da História para dar uma olhada, por que haveria alguém de querer fazê-lo agora?

É óbvio que não posso ficar aqui em cima do muro, sem lá e nem cá. Entrei no assunto, tenho que falar.

Mesmo que você rasgue o livro, duvide, acuse-me de charlatão, vou contar-lhe o segredo do sábio. E vou dizer-lhe, com todas as letras, que ele trouxe uma estupenda verdade ao mundo. Mais do que isso, ensinou o caminho para tudo e para qualquer coisa. Ele deu a chave e assegurou: "Abrir-se-vos-á!"

- Para tudo e qualquer coisa?

- Impossível! Só pode ser fruto de insanidade – murmuraram pelas esquinas.

Ninguém deu atenção ao que ele dissera. Até seus seguidores mais fiéis passaram ao largo dessa revelação e correram para as outras questões fantásticas abordadas por Ele.

Uma coisa não se pode negar: Ele divulgou o segredo ao mundo.

E a revelação continua sendo publicada em todos os recantos da face da Terra, mas poucos são os que lhe dão alguma importância.

Mais uma vez se confirma a velha verdade: só quando os discípulos estão prontos o mestre aparece.

Aqui, no entanto, me proponho a resgatar a verdade mais estupenda e revolucionária surgida neste planeta. Desde todos os tempos.

- Muita pretensão! – dirá você.

- A pretensão não é minha, é daquele sábio. Eu apenas entregarei a você a chave do maior segredo do mundo.

É o que faço agora.

Acompanhe-me, por favor.

Lauro Trevisan

1

ANTES DE CONTAR O SEGREDO

Segundo a parábola do Gênesis, o mundo nasceu pela palavra. No princípio, disse Deus: "Faça-se a luz; e a luz foi feita". Primeiro a palavra, depois o fato.

Javé ficou deslumbrado com a maravilha da sua criação e quis que fosse ampliada e aperfeiçoada ao longo do tempo. Para tanto, criou seres de sua própria espécie, com a sabedoria e o poder de continuar o ato criador. Assim fez ele no sexto dia da criação e mandou que estes seres humano-divinos

"presidissem a obra

da criação
e dominassem
toda terra".

Este ser humano é você, criado por Deus, com a finalidade de ser feliz e tornar o mundo mais agradável e mais perfeito.

Talvez você tenha o raciocínio curto de pensar que é originário de seus pais. Mas, quem criou seus pais, seus avós, bisavós, tataravós e toda linha de sucessão até chegar à causa primeira? Nada vem do nada. Em última análise, sua origem é Deus. Aí está a sua genética. Foi Ele quem modelou você e quis que existisse nesse momento da história humana e nesse pedaço de paraíso. Nada acontece por acaso. Faça um brinde ao Criador e agradeça.

***

Como filho de Deus, você tem sabedoria e poder de Deus. E liberdade para usar o poder. Sem dúvida, esta foi uma decisão arriscada do Criador, porque o homem, dotado de poder, sabedoria e liberdade, ficou com o caminho livre, tanto para destruir quanto para tornar a vida e o mundo cada vez melhores.

As duas possibilidades aconteceram: usou o poder e a liberdade para desestruturar a ordem do universo e desestabilizar a harmonia da vida, como também soube fazer uso desse dom criador para aprimorar muitos aspectos da vida humana. Essa dupla via trouxe muita alegria, felicidade, paz, amor, bondade, generosidade e progresso, como trouxe também sofrimentos, doenças, violência, miséria, abandono e desgraças.

***

TEMPOS OBSCUROS

Com o correr dos séculos, o homem foi esquecendo suas origens e, com isso, perdeu sua identidade, definindo-se mais pelos eventos da vida do que por sua verdadeira realidade. Baseado nos acontecimentos, a criatura humana acabou confundindo tudo a ponto de acreditar que seu destino seria conviver com a infelicidade e tentar desfrutar os poucos lances de bem-estar.

Num momento, fala de felicidade, fé, alegria, paz, harmonia, amor; noutro momento, explode palavras de dor, angústia, revolta, ódio e pequenez.

A ordem ficou vergastada e a desarmonia tornou o paraíso um sonho quimérico.

O elo de ligação entre a divindade e o barro, o deus e o humano, foi sendo desligado.

***

Hoje, há perguntas que não querem calar:

Quem sou eu?

De onde vim?

Que estou fazendo aqui?

Se Deus é amor, por que acontece o sofrimento?

A vida tem solução?

Por que me é dado criar desejos se não os posso realizar?

***

Poucos sábios se deram conta de que havia uma relação direta entre as crenças da humanidade e o que acontecia na vida e no globo terrestre.

O comum dos mortais, extraviado como ovelha desgarrada, entende que tudo é questão de sorte, azar, surpresas, acasos, castigos e recompensas. A maioria das pessoas acha que é impossível controlar o incontrolável. Sendo assim, vigora a tese de que a vida foge da esfera humana para depender apenas de divindades invisíveis ou do caos insuperável.

***

Fiz essas colocações para chegar ao principal. Vamos ao essencial.

Anote bem o que se segue.

2

O SEGREDO

Antes de abordar a chave do segredo, é indispensável saber sobre o segredo em si.

A humanidade sempre procurou encontrar o segredo da vida, da felicidade, da longevidade, principalmente o segredo para desfazer os males e alcançar todas as coisas desejadas. Mas, tudo ficou apenas no sonho, na utopia e na vontade.

Alguns sábios, no entanto, descobriram algumas luzes a respeito da existência de poderes no ser humano, mas os traços deixados continham linguagem hermética demais, intraduzível, gerando desinteresse e esquecimento ao longo do tempo.

Hermes Trismegistus, por exemplo, também identificado como o deus Thoth dos egípcios, teria sido um lendário e fabuloso legislador, sacerdote e filósofo egípcio. Dele se tem essas frases: "A teoria é a prática"; isto é, o que se cria na mente acontece na realidade. Teria dito ainda: "Como é aqui dentro, assim é lá fora; como é em cima, assim é embaixo". Tentando-se uma tradução: o que se cria dentro de si, na dimensão mais alta do ser humano, expressa-se no mundo exterior.

Moisés viveu, segundo consta, 1.500 anos antes de Cristo, durante o período dos Faraós. Foi considerado o maior profeta do povo de Israel. Realizou prodígios incríveis, como abrir as águas do Mar Vermelho para que seu povo o atravessasse a pés enxutos; bateu com varinha na rocha e jorrou água; a seu pedido, Deus alimentou o povo no deserto com maná e pombas, que apareciam todas as manhãs; e uma nuvem cobria o sol durante o imenso calor do deserto. Ele possuía o segredo do poder.

Confúcio viveu entre 551 e 479 antes de Cristo. O livro Diálogos de Confúcio, compilado de pensamentos dele e dos discípulos, foi uma obra tão lida na China quanto a Bíblia no Ocidente, segundo dizem.

Registrou ele: "O homem superior busca em si mesmo tudo que quer; o homem inferior busca nos demais". Também ele está dizendo que dentro do ser humano existe o poder capaz de oferecer ao ser humano o que ele deseja, mas a maioria esmagadora das pessoas se acha incompetente e apela para os outros.

Lao-tse, sábio que viveu na China, de 570 a 490 antes de Cristo, assim falou: "O que vai para fora, depende das coisas exteriores. Quem vai para dentro, encontra em si tudo que busca". Queria ele dizer, com certeza, que o poder não está fora, mas dentro de cada um. Quem se ampara no mundo exterior viverá as flutuações do mundo material.

Buda, chamado Sidharta Gautama, nasceu em 536 antes de Cristo. É o pai do budismo. Revelou: "Tudo que somos é resultado do que temos pensado; baseia-se sobre os nossos pensamentos e é feito dos nossos pensamentos". Por outras palavras, nosso pensamento aciona o poder e este faz a nossa vida.

Jesus. Indiscutivelmente, quem revelou o maior segredo do mundo, de forma clara, límpida, concisa e acessível, foi Jesus, há dois mil anos. Não só revelou, como provou que existe e que funciona. Mais do que isso, ensinou todas as pessoas a usarem esse poder.

Disse ele: "quanto ao poder, quem tem fé, tudo pode". (Mt 17,14-21). Avisou, portanto, que existe poder no ser humano e que esse poder é ilimitado, ou seja, pode ser usado para tudo que se deseja.

Falou também: "Pedi e dar-se-vos-á, porque todo aquele que pede, recebe". (Mt,7,7)

Insistiu: "Tudo que pedirdes ao Pai, em estado de oração, crendo, alcançareis". (Mc 11,26)

Completou o Mestre: "Aquele que tiver fé fará as obras que eu faço e fará obras maiores ainda do que estas". (Jo 14,12)

Quais foram as obras prodigiosas que Jesus realizou? Dominou a matéria, acalmando as águas do mar, serenando os ventos tempestuosos, pacificando as ondas agitadas, multiplicando pães e peixes, caminhando sobre as águas, extraindo dinheiro da guelra de um peixe, transformando água em vinho; também agiu sobre as plantas, secando a figueira estéril; produziu a pesca milagrosa; e curou todos os tipos de enfermidades físicas, mentais e espirituais.

E ele disse que eu, você, todos, temos poder de fazer o que ele fez.

Revelou o segredo.

As palavras do Mestre são diretas, sem hermetismo, sem segredos, sem ocultismos, para indicar que existe poder infinito na criatura humana.

O segredo está descoberto.

A partir de Jesus, não existe mais segredo. Torna-se evidente que, desde Cristo, o segredo deixou de sê-lo. Ele o abriu para toda a humanidade – e sua publicação ficou registrada claramente, com todas as letras, nos evangelhos. Os biógrafos Mateus, Marcos, Lucas e João divulgaram o segredo.

Após Jesus, o apóstolo João escreveu: "Ora, sabendo que atende aos nossos pedidos, sabemos que receberemos o que pedimos". (1Jo 5, 14-15).

O apóstolo Tiago escreveu: "E a oração da fé curará o enfermo". (Tiago, 5,14-15)

O apóstolo Paulo escreveu: "Aquilo que o homem semear, isto também colherá". (Gálatas, 6,7)

Entre os primeiros sábios da Igreja, destaca-se Agostinho de Hipona, filósofo, teólogo, pensador, escritor e santo, que viveu na África, de 354 a 430 depois de Cristo. É considerado o mais profundo filósofo da era patrística e um dos maiores gênios de todos os tempos. Escreveu: "Deus é mais interior ao homem do que o próprio homem". Interpretando: Deus é no ser humano, que, por isso mesmo, tem poder divino.

A humanidade, no entanto, continua no primeiro estágio da evolução, passando misérias, sofrimentos, carregando o peso das desgraças, num mundo incompatível com o amor de quem o criou e incondizente com a finalidade para a qual foi criado.

***

3

A CHAVE DO SEGREDO

A pergunta é esta: se o segredo é a existência de poder no ser humano, qual é a chave que faz funcionar o poder?

A humanidade quer saber a fórmula mágica que aciona o poder.

Não adianta ter conhecimento da existência de poder, se não se sabe usá-lo. Resolve ter carro na garagem se não sabe fazê-lo funcionar?

Este livro trata da chave do segredo. Daí a importância vital dessa mensagem.

Então, receba desde já a chave do segredo, ou melhor, a chave do poder.

Repetindo: o segredo é o poder.

E a chave do segredo é a força que aciona o poder: a palavra. Sob qualquer forma. Com qualquer significado. A palavra é o ato criador, a materialização é o fato. Primeiro a palavra, depois a realidade.

Jesus falou exaustivamente sobre essa verdade. Trata-se de uma fórmula tão simples que poucos pararam para examinar a veracidade. A humanidade não se detém em coisas singelas. A filosofia e a teologia se ocupam de temas profundos. A ciência busca o desconhecido. A religião se interessa pelo mistério.

Mas a chave do poder é a palavra. Palavra-pensamento. Palavra-desejo. Palavra-oração. Palavra-pedido. Palavra-clamor. Palavra-ideal. Palavra-imaginação.

Alguém acredita?

É por isso que o segredo e a chave permaneceram ofuscados pela poeira do tempo.

Impossível – gritam muitos.

Ridículo – blasonam legiões de intelectuais.

Bobagem – dizem os que não gostam de pensar.

Infelizmente, a humanidade não acreditou, rejeitou e colocou uma pá de esquecimento sobre o segredo.

No entanto, até mesmo antes de Cristo foi avisado ao mundo que a palavra-pensamento faz a vida do ser humano. O profeta Davi, mil anos antes de Jesus, por exemplo, disse: "Aquilo que o homem pensa com todo fervor, aquilo ele é".

O grande sábio Salomão revelou: "Assim como imaginou na sua alma, assim é".

Buda já foi citado: "Tudo o que somos é resultado do que temos pensado".

Heráclito de Éfeso, 550 a 480 antes de Cristo, é considerado o pensador pré-socrático mais importante. Pontificou: "Ser sábio consiste em saber que o pensamento governa todas as coisas".

Mas, Jesus foi incansável na promulgação dessa verdade. Ele revelou o segredo e a chave do segredo com todos os detalhes.

Esses iluminados relacionaram a palavra com a vida. Perceberam que a palavra é a causa da vida e dos seus efeitos. Desvendaram o mais importante de todos os segredos, escondido no coração da própria pessoa: a palavra gera o destino humano.

Ironia da sorte: depois de buscas milenares da alquimia criadora, acabaram por encontrá-la no interior do ser humano. De todos os seres humanos.

A palavra. Sim, a palavra.

O homem simples sabe usar a palavra apenas para expressar a realidade. Até mesmo intelectuais, filósofos, teólogos, cientistas, só conhecem a palavra como meio de comunicação. Há estudiosos que veem a palavra apenas como evolução do rugido animal. Método simiesco aperfeiçoado.

Mas, o homem evoluído usa a palavra também para criar a realidade. E para mudar a realidade. É uma diferença que faz toda a diferença.

***

O livro O Segredo fala da Lei da Atração, descoberta por sábios do passado, mas guardada a sete chaves para uso próprio, a fim de manter a humanidade sob seus pés.

Ocorre que a Lei da Atração, assim como a Lei da Fé e todas as demais Leis que regem a vida humana, contêm o segredo do poder, mas caíram em certo descrédito, porque não explicaram como funciona. Faltou entregar a chave que move o poder. Para dar um exemplo simplório: sem chave, o potente motor de um carro não é ligado e não funciona, embora tenha a força de mil cavalos-vapor.

Não basta ter poder. É urgente saber usar o poder. Este detalhe é a chave do segredo, porque desencadeia a ação, a explosão e a materialização.

4

DETALHE DA CHAVE QUE FAZ A DIFERENÇA

O segredo é o poder – já foi dito.

A chave é a palavra. Mas, é fundamental saber que existe palavra e palavra. Saber usar a palavra é um detalhe da chave do segredo.

Anote: a única e legítima chave do segredo é a palavra unívoca. Este é o detalhe "sine qua non".

A palavra unívoca é a fórmula, o explosivo e a ação criadora.

Sem a palavra unívoca, não existe poder, nem criação, nem ação e muito menos realização. É casca que não contém o cerne.

- O que é palavra unívoca?

- É a palavra que mantém coesão absoluta entre o pensamento do autor da palavra e o conteúdo da mesma.

Por outra, é a palavra acreditada, a palavra da fé que não admite dúvidas, retorno, hesitação, desinteresse, pessimismo e medos. Esta palavra move montanhas, segundo Jesus: "Aquele que crer firmemente na realização da sua palavra, dirá a este monte: Sai daqui e lança-te ao mar e, se não duvidar em seu coração, há de acontecer assim mesmo". (Mc 11,2º-26).

Crer firmemente na realização da sua palavra e não duvidar – eis o detalhe supremamente necessário.

***

A palavra acreditada - é a força misteriosa que remove montanhas, serena o mar, acalma a mente atormentada, refaz o corpo, une o céu à terra, diviniza o humano, sustenta o universo, toca o milagre.

A palavra unívoca - é a essência da Lei,

a substância da fé, o fio da caminhada existencial, a vertente de todos os atos humanos, a energia que aciona o poder, o elo que diviniza o ser humano.

A palavra é a chave do segredo.

A palavra autêntica é o detalhe essencial da chave.

Como foi visto, a chave do poder não está na casca da palavra, mas na substância. O detalhe essencial da chave do segredo é a substância da palavra em fusão com o pensamento da pessoa que o emitiu.

A maioria das pessoas usa a palavra apenas como ferramenta de comunicação, muitas vezes com duplo sentido ou com outra intenção embutida.

O detalhe da chave, recorde, é que só acontece a palavra substancial, a que coincide a casca com o cerne. Se a forma da palavra não contém a essência que lhe corresponde, não produz resultado, porque não há conteúdo.

Muitos pedem, poucos alcançam. A falha está no emprego da palavra. Existe o ouro e o ouropel. Este imita o ouro, mas não é ouro. Existe a palavra falsificada: esta apenas simula a verdadeira palavra.

Qual é a falsa palavra? Qual é o ouropel? Qual é a palavra-bijuteria? É a palavra que não coincide com a ideia de quem a usa. Se você fala a palavra da cura, mas acredita na enfermidade, a palavra da cura é falsa, contém outro ingrediente. Se fala perdão, mas pensa em quebrar as costelas do outro, perdão, neste caso, é palavra sem cerne. Os cupins do ódio o comeram. Se mentaliza uma casa, mas acredita que só conseguirá um rancho, a palavra casa aqui é destituída de seu verdadeiro sentido. Você está mentindo, sua palavra é casca que não tem nada a ver com o conteúdo.

Toda palavra tomada pela dúvida, pela hesitação, pelo medo, pelo desinteresse, pela descrença, pela dissimulação, pelo desânimo, pela duplicidade – é casca de outra árvore. Não tem vida.

A palavra oca não é a legítima palavra.

Quando você diz uma coisa e pensa outra, sua palavra é falsificada.

O detalhe essencial da chave do maior segredo do mundo é a palavra verdadeira. Esta é criadora e curadora. Produz milagres, tudo alcança.

Repito o que Jesus elucidou para que a

palavra possa ser todo-poderosa: você precisa crer firmemente na realização da sua palavra.

Tudo muito simples. Mas, quem, até hoje, manuseia essa chave?

Acredita você no que diz? No que ora? No que pede? No que deseja? No milagre?

Pense nisso.

Se a sua mente se debate na teia da incerteza e da descrença, leia o que se segue, que é da maior importância.

A ORIGEM DA CHAVE DO SEGREDO

Talvez o maior argumento para referendar o poder absoluto e total da palavra esteja no escrito de João, o mais jovem apóstolo de Jesus, que o acompanhou passo a passo na sua peregrinação por essa Terra.

João começa seu evangelho fazendo a espantosa declaração de que a palavra é Deus:

"No princípio era a Palavra
e a Palavra estava com Deus,
e a Palavra era Deus.

Esta estava com Deus, no princípio.
Por ela foram feitas todas as coisas,
e nada do que foi feito,
foi feito sem ela.
Nela estava a vida,
e a vida era a luz dos homens,
e a luz brilha nas trevas,
mas as trevas não a compreenderam".
(Jo1,1-5).

***

"No princípio era a Palavra"

Primeiro a palavra; depois, a criação.

Da palavra nasceu o mundo, a vida, o ser humano.

"E a palavra estava com Deus ".

A palavra é o exercício do poder e o poder é Deus. Em Deus, o poder e a palavra.

"E a palavra era Deus".

Deus e sua manifestação são unívocos, de

tal forma que a Palavra pode ser considerada sinônimo de Deus.

Palavra-Deus, Deus-palavra.

Deus e sua palavra - unidade intrínseca, perfeita, inseparável.

Que revelação fantástica!

"Esta estava com Deus, no princípio".

Nunca houve separação ou distanciamento entre Deus e sua palavra.

Tanto que, desde o começo, foi assim:

"Por ela, (a palavra), foram feitas todas as coisas, e nada do que foi feito, foi feito sem ela".

João insiste que tudo o que existe é resultado da palavra.

"Nela estava a vida".

Aqui João clarifica a verdade de que a palavra é vida, contém a vida, cria a vida. É a semente da vida.

"E a vida era a luz dos homens".

A vida é a luz do ser humano, que se expressa pela palavra. A palavra é a vida e a vida é Deus. Leon Tolstoi dizia: "A vida é Deus e amar a vida é amar a Deus".

A voz divina – a palavra da fé – é a luz dos homens, e esta luz é vida. É Deus no ser humano se manifestando pela palavra humana.

Recomendou Jesus que, quando você pronunciar a palavra da oração, entre no seu íntimo e ore ao Pai, que aí está, e o Pai ouvirá a sua palavra e a atenderá.

Você, a palavra, e Deus.

"E a luz brilha nas trevas".

As trevas a que se referia João significam a ignorância do homem a respeito de si mesmo e de sua dimensão. O filósofo Sócrates insistia: "Conhece-te a ti mesmo".

Mergulhado que estava em conflitos, misérias e sofrimentos, o homem vivia no seu obscuro submundo, sem saber que a luz estava no seu próprio interior. Jamais chegou à compreensão de que existia em si a divindade, a sabedoria, o poder, que se manifestavam precisamente pela palavra. Usava a palavra apenas para repisar o que tinha, o que fazia, o que sentia. Sua palavra continha o substrato da frustração, da impotência, da ansiedade, do sonho quimérico, das limitações e da dependência. Como resultado, a vida era uma jornada difícil, aleatória e sofrida. Várias religiões continuam com essa crença e pregam a resignação.

Mas, João diz que a luz brilha nas trevas.

Precisa falar mais claro?

Suas palavras continuam soando limpidamente pelos campos e matas, desertos e vales, planícies e montanhas, mas quem se dá ao trabalho de analisar o conteúdo dessa revelação? Ninguém tem tempo, é urgente correr atrás das cornetas do mundo. Bebem água estagnada, queixam-se da poluição da água, mas não erguem os olhos para ver a fonte de águas cristalinas logo acima.

"Mas, as trevas não a compreenderam".

Ainda hoje, passados milênios, as pessoas "têm olhos e não veem, têm ouvidos e não ouvem".

Você acordou? Conseguiu passar à outra margem? Acredita que a vida corre nos trilhos das suas palavras de todos os dias?

Concluindo: a Palavra é Deus. Mas, somente contém a divindade poderosa quando firmemente acreditada, unívoca, como ensinou o Mestre.

5

QUEM FOI E QUEM É JESUS

Talvez você tenha entrado em contato com o pensamento e obras de grandes mestres, que ensinaram sobre a existência de forças interiores em toda criatura humana.

Aqui eu quero falar-lhe sobre um Mestre, cuja sabedoria e poder transcenderam a tudo o que a humanidade tinha descoberto. Vale a pena ouvi-lo, porque Ele sabia das coisas e foi o que melhor ensinou o caminho da saúde, da paz, do amor, da felicidade e do bem-estar.

Através dos ensinamentos deste Mestre, você encontra os meios mais adequados para resolver os problemas da vida e alcançar os seus objetivos. Ele revelou o segredo e entregou a chave.

O Mestre a que me refiro é Jesus Cristo.

Quem é e quem foi Jesus?

O que ensinaram a você sobre Ele?

Que ideia tem você do Rabi da Galileia e de sua mensagem?

Que sensação penetra o seu íntimo quando ouve o nome de Jesus?

Preciso apresentá-lo a você, porque, sem conhecer o peso da sua sabedoria, da sua origem, o conceito em que foi tido durante dois milênios, os milhões de livros que foram escritos sobre sua mensagem, talvez você não se sinta estimulado a usar seu tempo à leitura do que Ele revelou e muito menos a dar-lhe crédito.

Quando os estudiosos ouvem uma conceituação nova, logo indagam: "Quem foi que disse?"

Tem-se a impressão de que a verdade não é verdade por ser verdade, mas pela autoridade de quem falou. Repeti a palavra propositadamente.

Gostaria que você, neste momento, esquecesse, ao menos por meia hora, o que aprendeu sobre Jesus. Desligue a imagem que dele você tem e confronte, depois, com essa que lhe vou colocar.

A REDESCOBERTA DE JESUS

Antes de tudo, veja Jesus como um ser estranho a esse planeta, vindo de uma dimensão desconhecida, portador de sabedoria e poder jamais vistos. Apresentou-se com a missão de salvar a humanidade, dizendo-se o caminho, a verdade e a vida.

Segundo Ele, a salvação estava ancorada em uma única palavra: amor.

A humanidade teimava em querer eliminar os males, a violência, a injustiça, o desamor, a prepotência, através de guerras, e Ele apontava o caminho oposto.

São passados dois mil anos e os soberanos continuam forjando guerras e ataques mortíferos, com a pretensão de impor a paz, a harmonia e a fraternidade. Continua não dando certo.

Ele prossegue dizendo que o caminho é

o amor.

Não veio pregar contra o mal, mas a favor do bem. Jamais deu poder ao mal, no entanto hoje em dia encara-se o mal como se fosse um poder maior, que precisa ser combatido com todas as armas possíveis. E com todas as forças da alma.

Poder maior é o amor.

Amor é luz.
Mal é escuridão.

Ponha-se luz, sumirá a escuridão. Eis o caminho.

Pode ser que você esteja passando por situações de ódio, de desencontros, de desentendimentos, de discórdias. Quem sabe, até, o seu casamento esteja em conflito e carregado de mágoas.

Pode ser que o seu relacionamento com a esposa, com o marido, ou com os filhos, atravesse um impasse doloroso.

Pois, Jesus veio ensinar a solução. E a solução é o amor.

Ele foi o mestre do amor: "Uma só coisa é necessária no mundo: amor".

O amor é a solução de tudo.

É a maior energia do universo.

É a força todo-poderosa da vida.

É o sentimento mais humano e mais divino.

É o aconchego do coração.

É a luz que apaga as trevas.

É o perdão de todas as iniquidades.

É a essência que faz o afeto, o carinho, a ternura, a bondade, a generosidade, a felicidade, o reino dos céus.

ÓDIO VERSUS AMOR

Muitos acham que o ódio é a grande força arrasadora; no entanto, o amor não só o derrota como apaga todos os males.

O grande sábio Salomão já dizia: "O amor apaga todas as transgressões".

O ódio é uma força inferior, pesada, que impulsiona para baixo.

O amor é a força superior que impele para cima.

Grande parte das pessoas querem vencer o ódio pelo ódio. Julgam sobrepujar um ódio menor apondo-lhe a força de um ódio maior. Não dá certo. Ódio é desgraça e enfermidade.

Se sua esposa, seu marido, sua sogra, seu filho, seu sócio, seu vizinho, lhe trazem sério problema, a tendência é vituperá-los duramente, com palavras agressivas, a fim de derrotar esse impasse de uma vez por todas. O resultado será desolador: aumentará o abismo entre ambas as partes.

Faça como o Mestre ensinou: resolva pelo caminho do amor, use termos gentis, e verá o poder da palavra realizar o milagre da transformação.

Não existe força mais atrativa no universo do que a força do amor.

A palavra afetuosa aciona o botão do amor, que desencadeia a energia feliz do bem-querer.

Procure sempre medir todas as coisas com a medida do amor.

Busque, para tudo, a solução do amor.

Você verá, nesta força, um poder jamais imaginado.

Uma das grandes aberrações do mundo de hoje é pretender a paz, a fraternidade e a justiça entre os povos, através da guerra, da bomba nuclear, da tirania, do bloqueio comercial, da fome e da miséria.

E não há delírio maior do que proceder

matanças, assassinatos, atentados, em nome de Deus. Quando religiões, cuja essência é Deus - e Deus é amor - caem no descalabro de gerar homens-bomba, com a promessa de recompensa celestial pelo ato suicida e fratricida, há que parar a roda do mundo e ver o que está acontecendo.

Existe, no mundo de hoje, uma avassaladora epidemia: a busca do poder por qualquer meio, mesmo que espezinhando a liberdade, massacrando as consciências, cometendo fratricídios e roubando a honra e o dinheiro de concidadãos. Esses, infalivelmente, cairão na tumba dos predadores detestáveis.

E não se pode deixar de lamentar a violência que mata por qualquer ninharia, como se o ser humano fosse um rato abominável.

O que é que fez com que os homens se tornassem animais ferozes entre si, lobos devorando lobos? A ignorância.

Não perceberam que a solução aponta o caminho inverso!

Aí está o Cristo avisando que só há um caminho: o amor.

Não adianta criar novas armas sofisticadas, destruições terríveis, sofrimentos insuportáveis. Só o amor pode mudar a face da

Terra. Quem viver, verá.

Ponha agora o foco sobre você. Será que não carrega algum ódio intransferível no seu coração? E aquela mágoa que molha sua alma, adoecendo-a aos poucos? Lembra aquela pessoa que você não suporta? E onde fica o amor quando você critica acerbamente? E quando vende produtos falsos, enganando seus semelhantes? E sua brutalidade contra os animais?

Sem amor, sua vida torna-se deserto árido.

Não queira tapar o sol com a peneira: amar é a única saída.

A PAZ CURA A MENTE E HARMONIZA O CORPO

Paz é palavra que contém a substância que faz a harmonia do todo.

Paz é serenidade do mar, equilíbrio das ondas cerebrais, coração ensolarado em tarde amena, espírito pairando sobre a vida, encantamento da natureza, brisa de verão, orvalho de primavera.

Paz é antecâmara da felicidade.

Paz é saúde. Antídoto contra o estresse,

a depressão, a ansiedade, o medo, o complexo de inferioridade.

A paz é irmã da calma.

Disse o Nazareno: "Bem-aventurados os calmos porque eles possuirão a terra".

A paz é o estágio mais alto da calma, consequentemente tem o condão de produzir prosperidade, bons relacionamentos, negócios lucrativos.

Paz é estado de sentir-se bem. É saúde mental, que gera a saúde física.

Pessoa em paz tem palavras positivas e benfazejas.

Jesus notou, em suas andanças pelos caminhos da Palestina, que as pessoas sofriam de falta de paz: caminhavam preocupadas, agitadas, irascíveis, impacientes, intranquilas, severas, carregadas interiormente.

Ergueu os braços, afetuosamente, e convidou: "Vinde a mim vós todos que vos achais aflitos e sobrecarregados e eu vos aliviarei!"

Ele fez da paz a sua saudação oficial: "A paz esteja convosco!"

Você, que parece estar caminhando sobre brasas, inquieto, sofrendo de insônia, irritadiço, mordendo a língua, lembre que a palavra paz tem o poder de serenar o ânimo e dar-lhe alegria de viver.

Diga, mentalmente, para si:

"A partir de agora estou
em paz. A paz habita em mim.
Meu coração
é um lago sereno de paz".

Você acabou de dar um passo importante para a sua saúde total.

Esqueça as perturbações do passado e diga-se: "Agora estou em paz".

ELE ENSINOU SOBRE A FELICIDADE

Revelou Jesus: "O reino dos céus está dentro de vós mesmos".

Reino dos céus interior é estado prazeroso, celestial, paradisíaco. É estado cósmico. Sinônimo de felicidade. Este é o estado mais alto, razão porque põe o ser humano em comunhão energética com todos os seres do universo e com o Infinito. Assim, o homem já não é mais um marginal cósmico, um alienado de si mesmo, um filho pródigo de Deus, mas um ser que vive a dimensão suprema.

Essa dimensão significa saúde física, mental, emocional e espiritual. Além do mais, significa poder e sabedoria. E se pode acrescentar ainda a capacidade de autodeterminação e autorrealização.

Como atingir esse nível humano-divino?

Sendo feliz. Vivendo o reino dos céus interior.

Não seja daqueles que negam a possibilidade e a existência da felicidade. Esses torcem a cara e proclamam mal-humorados que felicidade não existe, é quimera, assunto de gente alienada.

Felicidade existe, é essência humana, está no DNA de todos os cidadãos do mundo, e é simples e fácil ser feliz. Os que a rejeitam como delírio humano impossível, o fazem porque a buscam onde ela não está. São como aquele que procurava um gato preto num quarto escuro, que não estava lá.

Quer saber o que é felicidade e porque é simples e fácil ser feliz?

Depois de ler sobre o que outros disseram a respeito da felicidade, depois de analisar o impasse a que chegaram os estudiosos e cientistas que tentaram explicá-la, encontrei a legítima e incontestável definição:

"Ser feliz é sentir-se bem consigo mesmo, com a humanidade, com o universo e com Deus".

Já desenvolvi sobejamente esse tema em vários livros meus, por isso me abstenho de voltar a esmiuçar este assunto.

A enfermidade é a quebra dessa harmonia, não por ser enfermidade, mas porque a causa foi um processo desintegrativo.

Ser feliz é o caminho de volta.

Exercite a sua palavra criadora e curadora para determinar seu estado interior de reino dos céus.

Comece despoluindo a mente. Desfaça-se de crenças negativas que valorizem a enfermidade, o sofrimento, a renúncia, o sacrifício, a pequenez, a incapacidade, o fatalismo, a resignação, a penitência. Com essas crenças, estará amarrado em seus males. Como quererá a cura se valoriza o sofrimento? Como pedirá a Deus a saúde se acha que Deus se compraz com a sua enfermidade? O mundo que se cria na mente, é o mundo que se materializa. Lei de Causa e Efeito.

Antes de tudo, rompa as contradições internas. Reconheça que em Deus só existe o bem, o amor, a perfeição, a felicidade, a harmonia, o prazer. Mergulhe sua mente nessa realidade e deixe-se inundar dessa energia maravilhosa, poderosa e curadora.

Diga para si, muitas vezes, até impregnar o seu subconsciente: "Eu sou feliz, eu sou feliz, eu sou feliz, eu sou muito feliz!"

JESUS É O GUIA

Disse o Nazareno: "Eu sou o caminho, a verdade e a vida".

Se Ele se apresentou como o caminho, vá por ele, que chegará ao destino sonhado.

Ele se apresentou como a Luz. Siga essa Luz e ela iluminará a sua trajetória.

Se você não sabe qual é o caminho, apele para o seu Guia.

Ele é o seu Guia.

- Um só é vosso guia – disse Jesus. – O Cristo.

Se você anda desnorteado, sem rumo, invoque este Guia.

Se está perdido, não sabe o que fazer, desesperado com a situação dramática – Ele está aí à sua espera.

Faça de Jesus o seu GUIA, o seu conselheiro.

Tem um negócio a realizar? – Converse com seu Guia.

Quer saber se deve casar com essa pessoa ou não? Peça a resposta ao seu Guia.

Quer saber como curará a sua doença? – Invoque o seu Guia, que, por sinal, foi o maior curador deste planeta.

Ao percorrer as estradas deste imenso Brasil, vejo escritas, em algumas rochas e pedras, estas legendas: "Jesus é o Guia". "Jesus é o Caminho". "Jesus é a Solução".

Escreva na sua mente: "Jesus é meu Guia".

Reserve um lugar maravilhoso e aconchegante para o seu Guia aí no recôndito do seu coração e converse com Ele sempre que precisar de orientação.

Precisa fazer uma viagem? Diga ao seu Guia: "Vem comigo! Conduze-me!"

Tem que enfrentar algum perigo? Peça ao seu Guia: "Acompanha-me, por favor!"

Está correndo algum risco? Invoque o seu

Guia: "Dá-me tua proteção!"

Nunca mais tenha medo de nada, porque Jesus é o seu Guia.

JESUS É O SEU PODER

O Rabi disse, certa vez, que, com Ele, você tudo pode. Ele é o Poder.

Está passando necessidades? Ele é o Poder, que faz jorrar abundância e prosperidade.

Luta com problemas? Ele é o seu Poder.

Afogado em dívidas? Ele é o Poder que tudo resolve.

Sofre enfermidade? Ele é o Poder curador.

"Se pedirdes ao Pai
alguma coisa,
em meu nome,
Ele vo-la dará".

Aproveite este momento abençoado para pedir a sua saúde total e tenha a certeza de que assim é e assim será.

Sua palavra é seu poder.

FAÇA SUA VIDA DIFERENTE

Agora, sim, você dormirá feliz, acordará mais feliz ainda, passará o dia com a mente elevada e cheia de vibrações positivas, porque pode contar com alguém que é seu Mestre, sua Força, sua Luz, seu Caminho, seu Guia e seu Poder.

Está preocupado? - Ele orientará corretamente você.

Entrou num túnel escuro? – A Luz iluminará a saída.

Está doente? – O Poder curador regenerará o órgão.

Agora sua vida será diferente.

Para que isto realmente aconteça, feche os olhos agora, relaxe profundamente, acalme a sua mente, faça uma prece de paz interior, e desça até o seu secreto, onde visualizará a presença amiga, bondosa, sábia e poderosa de Jesus. Você já viu tantas imagens e figuras de Jesus, em livros, santinhos, revistas, filmes, estátuas. Fixe a imagem que mais gostou, dê vida a esse Jesus na sua mente e faça dele o seu Mestre, o seu Guia e o seu Poder. E converse com Ele sobre sua situação. Ouça a sua palavra.

6

JESUS AFIRMOU O PODER DA PALAVRA

Voltemos à chave do poder: a palavra acreditada.

Quando o Nazareno ensinou a Lei do Pedi e Recebereis, estava dizendo que a palavra, em forma de pedido, obtém a resposta do Alto.

Em certa ocasião, disse Ele:

"Seja o que for que desejardes,
quando orardes crede
que tendes alcançado

e alcançareis".

Para aquelas pessoas que lutam e tentam alcançar seus objetivos e suas curas pelas próprias forças naturais, o Mestre sugeriu:

"Até agora nada pedistes.
Pedi e recebereis,
para que a vossa alegria seja completa".

***

"Ao entrar Jesus em Cafarnaum, cidade situada à margem do Lago de Genezaré, apresentou-se a Ele um centurião, (oficial romano), pedindo que curasse seu servo, que jazia em casa com paralisia e sofrendo de grandes tormentos. Jesus disse que iria curá-lo, mas o centurião retrucou:

"Senhor, eu não sou digno de que entres
em minha casa;
mas fala tão-somente ao Verbo
e meu servo será curado". (Mt 8,5-13).

Por essas palavras, o centurião acreditava no poder da palavra de Jesus: "Fala tão-somente ao Verbo". O Verbo é a Palavra.

Na verdade, Jesus curou o servo desse oficial romano pela palavra, dizendo ao centurião: "Vai e faça-se contigo de acordo com tua fé".

***

Todas as curas de doenças mentais o Mestre as realizava pelo poder da palavra.

O evangelista Mateus assim escreveu sobre Jesus:

"Ao anoitecer, trouxeram-lhe grande número de endemoninhados; e ele expulsava os espíritos com uma palavra e curava todos os enfermos". (Mt 8, 14-17).

A palavra é a maneira como você expressa o poder divino existente em si.

Nada é maior do que a força da palavra. Ela remove montanhas, cura enfermidades, produz milagres, tudo alcança e torna possível o impossível.

Nenhuma enfermidade resiste ao poder criador e curador da palavra acionada pela fé.

***

Um dia, o Nazareno embarcou e passou à outra margem do Mar da Galileia. Entrou numa casa e a multidão se aglomerava tanto que, para lhe levarem um paralítico, tiveram que abrir o teto e por aí fizeram-no descer diante do Rabi.

Ao final da conversa, disse Jesus ao paralítico: "Levanta-te, toma o teu leito e anda".

Levantou-se ele e foi para casa. (Mt 9, 1-8).

Também a esse paralítico Jesus o curou pela palavra:

"Levanta-te, toma o teu leito e anda!"

***

Ao levarem um surdo-mudo para que Jesus o curasse, depois de lhe pôr os dedos nos ouvidos e tocar-lhe a língua com a saliva, levantou os olhos ao céu, deu um suspiro e disse ao surdo-mudo: *"Effetha!"* – que quer dizer: *Abre-te!*"(Mc.7,31-37). Diante desta palavra de ordem, conta Marcos, os ouvidos se abriram, a língua se soltou e ele falava corretamente.

***

Para o cego de Jericó, perguntou Jesus:

- O que queres que eu te faça?

- Mestre – suplicou o cego – faze com que eu veja!

- *Vai, que a tua fé te curou!* – disse-lhe Jesus e, no mesmo instante, via, e o foi seguindo pelo caminho. (Mc 10,46-52).

***

Diante do féretro em que se encontrava morto um jovem, filho único de uma viúva, *falou Jesus: "Moço, eu te digo, levanta-te!"* Levantou-se o que estivera morto e começou a falar. (Lc 7,11-17).

***

O doente que, há trinta e oito anos, jazia junto da piscina de Betesda, à espera da chance de tocar por primeiro as águas quando viesse o anjo do Senhor agitá-las, também foi curado pela palavra de Jesus.

- Queres ser curado? – perguntou o Mestre.

- Senhor – respondeu o enfermo – não tenho homem algum que me desça quando se agita a água; e, enquanto vou, desce outro antes de mim.

Disse-lhe Jesus:

- Levanta-te, toma o teu leito e anda.

No mesmo instante, o homem ficou são, tomou o seu leito e se pôs a andar. (Jo 5, 1-15).

***

A ressurreição de Lázaro também *aconteceu pelo poder da palavra: "Lázaro, vem para fora!"*

E Lázaro voltou à vida. (Jo 11,38-44).

JESUS MANDOU CURAR

Inicialmente, quando comecei a me dedicar ao ministério da cura, este tipo de trabalho causou surpresa, e até mesmo inquietação, em certos círculos da nossa Igreja Católica. Parecia que tinham esquecido que Jesus dedicou toda a sua vida pública a curar os enfermos da mente e do corpo, através de um método que não era o método da medicina convencional.

E o mais importante é que Jesus ensinou este método aos seus seguidores imediatos, os apóstolos, e mandou que também se dedicassem a curar: "Convocando os doze, deu-lhes poder e autoridade sobre todos os demônios, bem como para curar doenças, e enviou-os a proclamar o reino de Deus e a curar". (Lc 9,1-2). Aqui fica mais claro que "demônios" significavam as anomalias mentais e doenças se referiam aos males físicos. Quando Jesus se referia ao "espírito do mal", servia-se da linguagem do tempo para que a gente simples entendesse que Ele estava mandando embora a doença e a energia maléfica que a provocara. O Rabi, na sua sabedoria, utilizava-se do método pelo qual as pessoas entendessem o que a sua palavra queria significar. Se fosse necessária a linguagem simbólica ou a expressão comum do povo, assim o fazia, porque sua missão não era ensinar anatomia ou medicina e sim curar as pessoas pela palavra.

Os discípulos não eram médicos, a não ser Lucas, que se aliou posteriormente ao grupo dos apóstolos. No entanto, o Rabi os mandou curar: "E quando entrardes em uma cidade onde vos receberem, curai os doentes que aí houver..."(Lc 10,1-12). Pela palavra.

Eu achava engraçado quando algumas pessoas me perguntavam se eu era espírita, porque ajudava as pessoas a se curarem. Se os espíritas se dedicam à cura, bem-aventurados são eles, pois estão praticando um maravilhoso ato de misericórdia.

Tempos atrás, estava lendo o livro "É Jesus Que Cura", de autoria do padre Francis MacNutt, OP - um sacerdote norte-americano, formado pela Universidade Católica, por Harvard e pelo Instituto Teológico Aquino, professor de Homilética, presidente da Conferência Cristã de Pregação - e chamou-me a atenção este trecho de sua obra: "Entretanto, anos mais tarde, quando ensinava homilética, no Instituto de Teologia Santo Tomás de Aquino, e tentava também orientar muitas pessoas, senti que algo estava faltando ao meu sacerdócio. Que espécie de orientação espiritual poderia eu dar a todas essas pessoas que vinham em busca de conselho, muitas delas enviadas pelos seus psiquiatras? Sentiam-se deprimidas, algumas ao ponto de tentar o suicídio; outras eram alcoólatras, homossexuais, algumas desesperadamente desorientadas, sentindo-se inúteis e indignas de serem amadas... Honestamente, não podia dizer a mim mesmo – ou a elas – que todo esse sofrimento aniquilador era redentor. Não podia, sinceramente, dizer ao paciente mentalmente deprimido, que estava se tratando com terapia de choques, que o seu estado de ansiedade era vontade de Deus e uma cruz especialmente escolhida para ele por Deus..."

Em outra passagem de seu livro, Francis escreve: "A cura física também foi considerada de capital importância, especialmente entre os pobres, que são quase todos doentes, com um mínimo de assistência médica. A pregação tradicional sobre o sofrimento tem sempre realçado a aceitação da Cruz. Isso levou o povo a um conceito quase pagão de Deus, a distribuir sofrimento – um Deus de ira que deve ser aplacado. Torna-se difícil divisar um Deus de amor sem usar o ministério da cura que o próprio Jesus exerceu".

A certa altura de seu livro, padre Francis analisa: "Se Jesus veio para salvar e curar, o que é que ele salva e cura? Veio apenas para salvar almas? São os pastores apenas destinados a estudar somente a "cura das almas"

– a cura animarum? O Médico Divino está apenas interessado no espírito do homem?

Julgo ser mera questão de justiça reconhecer que a maioria dos teólogos e pregadores da Igreja Católica tem acentuado com grande certeza o desejo de Cristo de salvar almas e extirpar o pecado, a enfermidade da alma; mas não tem havido uma certeza correspondente quanto ao desejo de Cristo de curar a moléstia do corpo. De fato, bem ao contrário, a doença tem sido frequentemente apresentada não como um mal, mas como uma bênção desejada por Deus, devido ao grande bem que surge na alma de uma pessoa como resultado do sofrimento".

Mais adiante, afirma o Pe. Francis MacNutt: "Julgo que também é justo afirmar que todas as vezes que Jesus encontrou o mal, espiritual ou físico, tratou-o como a um inimigo. Toda vez que uma pessoa doente o procurou com fé, Jesus a curou. Ele não dividia o homem, como frequentemente fazemos, em uma alma a ser salva e curada, e um corpo que deve permanecer combalido. Somos nós que falamos em salvar almas, mas em parte alguma o Novo Testamento diz que Cristo veio "salvar almas"; veio salvar os homens – corpo e alma". (Até aqui, o Pe Francis McNutt).

Atualmente, a Igreja já está mudando, ainda que timidamente, a sua posição a respeito da doença. O sacramento da Extrema Unção, que chegou a ser entendido como uma preparação imediata para a morte, agora está ocupando sua legítima função de ser uma Força Espiritual que visa curar doentes. O nome até foi mudado para Unção dos Enfermos. Este sacramento tem a finalidade de curar o doente, tal como refere o texto da carta do apóstolo Tiago, de onde se originou o sacramento: "Há entre vós algum doente? Chamem os presbíteros da Igreja e orem estes sobre ele, ungindo-o com óleo, em nome do Senhor. E a oração da fé curará o doente e o Senhor lhe dará alívio. E se ele tiver cometido pecados, ser-lhe-ão perdoados". (Tiago, 5, 14-18).

Depois que Jesus deixou esta Terra, seus seguidores dedicaram-se a pregar a Boa Nova e a curar os enfermos.

Certo dia, passavam os apóstolos Pedro e João pelo pórtico do Templo, em Jerusalém, e um paralítico lhes pediu esmola. Pedro voltou-se para o paralítico e disse: "Ouro e prata eu não tenho, mas o que tenho, isto te dou: Em nome de Jesus Nazareno, levanta-te e anda!"

No mesmo instante, o paralítico ficou curado e foi embora, feliz da vida.

Os seguidores imediatos de Jesus desenvolveram e usaram esse carisma de curar os doentes.

Um dos grandes padres da Igreja, Agostinho de Hipona, escritor, pensador, filósofo, teólogo, bispo, santo, (354-430), inicialmente disse que o período de curas milagrosas tinha se esgotado com Jesus e os apóstolos. Mais tarde, reconsiderou essa afirmação, em seu livro "Retratações", depois de observar vários milagres acontecidos em sua diocese. Ensinou, então, que a cura era carisma perene da Igreja e não de um determinado tempo.

Chegou o momento de a nossa Igreja reavivar mais o carisma da cura, com missas especiais, rituais, orações, peregrinações, devoções, assim por diante.

Mesmo com o avanço da medicina, permanece aberto um outro caminho para a cura dos males físicos e mentais. São dois métodos diferentes, que não se excluem e nem se contradizem. Pelo contrário, se conjugam harmoniosamente.

A Igreja, ao longo do tempo, entendeu que a cura do corpo pertencia à medicina e a cura da alma pertencia a ela, como legado de Jesus. Assim, usava a força da oração e da pregação para libertar as pessoas de suas fraquezas e males espirituais; diante da doença física, se limitava a pregar e recomendar a resignação e a conformidade com a "vontade do Pai", como se o sofrimento fosse uma dádiva divina.

"Salva tua alma" - dizia a Igreja.

"Ide e curai os enfermos" - dizia Jesus.

Corpo, alma, mente, coração e espírito são unidade indissolúvel nessa caminhada terrena, por isso Jesus sempre falava em cura do ser humano como um todo.

Claro que não se pode deixar de mencionar os grandes centros de peregrinação em busca de cura, como Lourdes, Fátima, Menino Jesus de Praga, Aparecida, Medjugorje, Caravaggio, e outros. Mas, o milagre não mora aí, e sim no ser humano. Esses lugares são centros privilegiados de fé. E a fé é a força curadora todo-poderosa.

É fundamental que o carisma de cura seja reacendido em todos os quadrantes da Terra, pois esse é o mandato do Mestre e esta é uma das mais humanas missões cristãs.

EU ESTAREI CONVOSCO

Para que as pessoas não pensassem que o poder curador de Jesus ficava apenas restrito ao período de sua vida terrena, quando em sua peregrinação pelos caminhos da Palestina, disse Ele: "Eu estarei convosco todos os dias até a consumação dos séculos". (Mt 28,20).

Ele está aqui e agora, com você.

Disse Ele, certa vez: "Tudo que pedirdes em meu nome eu o farei". (Jo 14,13). Aqui se pode perceber a suprema psicologia do Mestre. Sabia Ele que muita gente, mirando-se nas próprias fraquezas e limitações, jamais poderia chegar ao entendimento de que possui o poder criador e curador. Jesus sugeriu que as pessoas ancorassem nele e, desse modo, tivessem a fé de que, com Ele, poderiam alcançar o milagre. "Tudo que pedirdes em meu nome". O nome representa e significa a pessoa. O nome de Jesus significa o próprio Jesus.

Se você acredita na presença de Jesus

aqui, junto de si, assim é.

Essa é uma verdade fantástica, que nem todos conseguem apreender. Mas, quem alcança a dimensão total dessa realidade, entra no número dos privilegiados que obtêm o milagre.

***

Um dia, chegou a Jesus um pai, com seu filho que sofria de ataques epilépticos. Tinha procurado médicos, curadores, e ninguém conseguiu libertar o garoto desse mal. Nem mesmo os discípulos do Mestre, aos quais o homem havia apelado, poucos minutos antes, conseguiram curá-lo.

O homem, então, se dirigiu a Jesus:

- Senhor, se tu podes, cura o meu filho!

O Mestre lhe disse:

- Quanto ao poder, quem tem fé, tudo pode. Crês tu?

- Eu creio, Senhor! Mas ajuda a minha falta de fé! – exclamou o pai.

O homem não desacreditava e nem acreditava. Na sua confusão e ceticismo, pediu a ajuda e a compaixão do Cristo.

Grite você também agora que acredita na sua cura.

Grite, mesmo que a dúvida, o medo e a incerteza tentem desmantelar essa força interior.

Grite internamente, ainda que a enfermidade seja maior que a medicina.

Grite, com o coração emocionado.

Basta isso, para que agora mesmo o milagre aconteça em você.

E o milagre sucederá, seja de repente ou aos poucos.

7

VOCÊ E A PALAVRA

Agora vamos ao caso: você é originário de Deus. Tem o DNA divino. É filho de Deus. Neste sentido, é deus também, não com maiúscula, por ser finito, criado, limitado, condicionado a fatores materiais. Mas, você é um deus, embora com letras minúsculas. Seus pais são apenas intermediários da sua vida e da sua essência. Já falei sobre isso.

Quero frisar que você veio de Deus. Por ser originário diretamente de Deus, carrega a genética divina. Então, é imortal. Não pelo corpo, que é matéria provisória, perecível, mas pelo espírito, que é o fator divino da sua realidade. O velho ditado já dizia: "Filho de tigre, tigrinho é". Ainda que mal comparando.

De tudo isso, se depreende o seguinte: a criatura humana é divindade pelo espírito. Este é o genoma de Deus no homem.

Pelo espírito, consequentemente, o ser humano é imortal, é palavra criadora e curadora, é poder, é sabedoria, é amor, é felicidade, é o Bem.

Assim como a palavra divina é Deus se manifestando, da mesma forma, "mutatis mutandi", a criatura humana é a palavra se manifestando.

Homem e palavra são unidade. O ser humano é uno com sua palavra. Como o homem é da espécie divina, sua palavra é divina, contém o poder criador divino. O ser humano é divino, não pela matéria que o envolve – volto a repetir - mas pelo espírito.

Numa carta enviada aos cristãos do seu tempo, João escreveu: "Nisto conhecemos que estamos nele e ele em nós: porque nos dá o seu espírito". (4,11-18).

O apóstolo Paulo, em escrito enviado aos efésios, afirmou: "Robustecidos no poder do espírito que está no vosso homem interior".

(3,14-16).

Escreveu, ainda: "A minha palavra e a minha pregação não consistiram em linguagem persuasiva, mas em demonstração de espírito e poder".

Espírito e poder. Você é espírito e poder.

Na carta dirigida aos habitantes de Corinto, na Grécia, assinalou Paulo: "Há diversidade de dons, mas o Espírito é o mesmo... há diversos modos de ação, mas é o mesmo Deus que realiza tudo em todos". (12,4-11).

De tudo isso, fica claro que o poder criador e curador do ser humano é o espírito e o espírito manifesta-se da mesma maneira como Deus exerceu e exerce seu poder criador: a palavra.

A GRANDE DIFICULDADE

Se a criatura humana é divinizada pelo espírito e no espírito reside o poder, a sabedoria e todo o Bem, por que se vive em vale de lágrimas? Por que tanto sofrimento, violência, miséria, amargura, enfermidades?

Agora a resposta se torna muito simples: porque o homem ainda está impregnado da matéria, vive voltado para a matéria, faz da matéria seu padrão existencial, estabelece nela seus projetos e ideais, e usa a palavra apenas nesta direção. Relembre a Lei de que cada qual colhe o que semeia. A semeadura é livre, a colheita é obrigatória.

Toda palavra, centrada em seu cerne, produz a realidade do seu conteúdo, seja benéfico ou maléfico. Esta é a chave do segredo – você já viu.

O mundo ainda jaz mergulhado no primeiro estágio da evolução: a material. Esse estágio, diga-se de passagem, é essencial, já que a matéria necessita da matéria para subsistir. Mas não é o único e nem o principal.

A humanidade deve urgentemente subir ao segundo e terceiro graus da evolução para ser o que é realmente, na concepção do Criador.

O segundo degrau evolutivo é o mental e o terceiro é o espiritual. Ao atingir esses dois outros níveis, o ser humano chegará à sua plenitude, alcançará o seu todo, será aquilo que é.

Claro que estágio espiritual aqui significa a identificação com o espírito, escala superior da vida humana, e não religiosidade.

Espírito é a fagulha divina. O Deus imanente.

Sempre que Jesus falava do poder que move montanhas, tudo alcança, produz milagres, cura enfermidades e torna possível o impossível, estava se referindo à criatura humana na sua dimensão verdadeira e total. Quando afirmou que todos podem fazer o que Ele fazia, estava vendo a pessoa plena.

Para apreender a dimensão humana é mister alcançar o espírito. É ele que faz o homem à imagem e semelhança divina.

A ciência estuda o homem-matéria, mas, na verdade, trata-se de um ser humano-divino. Matéria e espírito. Corpo e mente.

Enquanto permanecer apenas no primeiro degrau evolutivo - o material, o humano - estará mergulhado nas trevas, isto é, sujeito ao imponderável, a desgraças, sofrimentos, frustrações, injustiças, desamor, amarguras.

Muitos estão a caminho, outros já vislumbraram essa verdade, outros mais conseguiram lampejos de divindade e poder. O importante é compreender o porquê da situação do mundo atual, alimentar ótimas expectativas, e seguir em frente praticando o poder da palavra. Nunca desistir e nem negar. Seria o mesmo que desacreditar a existência do sol porque a noite desceu seu manto. O segredo já não é mais segredo. Você tem a chave.

COMO CHEGARÁ AO ESPÍRITO

Já se sabe que a palavra é o exercício do poder, tanto de Deus quanto do filho de Deus.

A primeira condição para atingir a esfera do espírito é saber que ele existe e nele está a divindade, o poder, a sabedoria, o reino dos céus, a capacidade autorrealizadora.

A segunda condição é entender que, assim como Deus é a sua palavra - você, seu espírito e sua palavra, são unidade intrínseca.

Use a palavra como poder criador e curador.

Sua vida está na pior?

Sabe você o que é necessário para dar uma volta de 360 graus na sua vida e acontecer o melhor?

É formular a sua palavra mágica. É expressar seu desejo, seu sentimento positivo, sua oração benfazeja, já que esta palavra tem o poder de criar a realidade.

Você dirá:

- Mas, isso é utopia, não pode ser assim.

Por que não pode?

Claro que pode! A sua palavra tem o poder de criar a sua realidade. Se você, no entanto, diz que não pode, esse poder divino, que existe dentro de si, fará com que não possa. Sua palavra se cumpre, tanto positiva quanto negativamente. Se você acha que sua palavra não tem poder nenhum, não terá. Será feita sua vontade. Lembre-se que a chave do segredo é perceber a substância da sua palavra. Há poder na sua palavra quando ela é verdadeira, isto é, quando coincide o que você diz com o que você pensa.

Aqueles que acreditam que podem, usam a palavra para fins benéficos. O mundo deles se transforma e eles vão para frente. O milagre acontece. E todas essas pessoas abençoam a vida a cada dia, a cada amanhecer e a cada anoitecer.

Desfizeram as teses relacionadas com acaso, azar, sorte, destino, fatalidade e intuíram que o ser humano é resultado de si mesmo.

Concluíram, então, que as enfermidades são efeito de desordens mentais e emocionais. Assim como o homem pode quebrar a harmonia da natureza, também pode desmantelar a harmonia do seu próprio universo físico. Perceberam que este fica à mercê das determinações mentais, afetivas, espirituais e emocionais. Descobriram que o ódio, as preocupações, a tristeza, a raiva, o desânimo, a angústia, a violência, a hostilidade, a malquerença, o pessimismo, o negativismo, promovem sofrimento ao corpo e os efeitos nefastos surgem posteriormente em forma de doenças.

Muitas pessoas, ainda hoje, acreditam que as enfermidades caem do céu, são fatalidades da vida.

ESCLARECENDO

Para que você não entre em confusão, reitero a explicação de que palavra é toda forma de manifestação mental: pensamento, ideia, imaginação, sentimento, afeto, oração, meditação, mentalização, pedido, desejo, queixa, reclamação, revolta, ofensa, elogio, contemplação, canto. Enfim, palavra é qualquer expressão da mente.

Palavra é ato criador mental. Atributo de Deus e do ser humano, filho de Deus.

Como diz a ciência do poder da mente: à palavra segue-se a reação; à reação segue-se a ação; e à ação segue-se a materialização.

Para onde você dirigir sua palavra, para lá dirigirá sua vida.

Quando você não sabe o que acontece na sua vida, é o momento de voltar-se para si e analisar o conteúdo de suas palavras.

8

A PALAVRA DAS LEIS UNIVERSAIS

No reino da sabedoria infinita, nada ocorre por acaso. Tudo obedece a Leis inevitáveis.

A maneira justa e equânime, pela qual o Criador rege o universo, é através de Leis, que são princípios imutáveis, simples, perfeitos, necessários. Em Deus não há privilégios, nem preferências, nem distinções, já que somos todos igualmente filhos dele.

Existe, por exemplo, a Lei Universal de que *"cada um colhe o que semeia"*. Ninguém colhe o que não semeou. Se alguém plantar ervas daninhas, não adianta querer colher laranjas ou abacate. O apóstolo Paulo, na carta aos Gálatas, avisava: "Aquilo que o homem semear, isso também colherá". A semeadura é a palavra. Esta é a grande descoberta. E a palavra é dom individual, portanto se existe razão para alguém reclamar da vida, esta queixa deve ele voltá-la para si mesmo. Está colhendo o que semeou. Com isso, fica excluída qualquer crença que valorize o destino e a fatalidade.

Outra verdade fundamental: Deus não promove a justiça através de castigos ou recompensas. Muito menos distribui benesses conforme sua vontade momentânea. Nem é a dimensão do sacrifício e da penitência que comove o Criador. Tudo funciona na justa e reta ordem divina de acordo com as Leis outorgadas pelo Criador. Nada mais simples, perfeito e correto. São suas Leis que regem a vida e o universo.

Outra Lei: *"Todo pensamento unívoco é ato criador"*. Pensamentos de alegria, por exemplo, desencadeiam a energia da alegria.

Como pensamento é ação mental, e como a mente é a vida do corpo, chega-se à conclusão de que pensamentos positivos, emoções benéficas, bons sentimentos, orações e mentalizações acreditadas, produzem a energia poderosa do seu conteúdo, com repercussão direta sobre o corpo todo, fortalecendo o sistema imunológico e revitalizando o organismo.

Por outro lado, pensamentos e sentimentos de ódio geram tensão, produzem estresse, e secretam hormônios que debilitam a harmonia orgânica, causando problemas cardíacos e outros desajustes.

***

Quando um tipo de pensamento se fixa na mente como verdade, torna-se crença; esta passa a fazer parte do indivíduo e as consequências necessariamente advirão.

***

Se você se flagra pensando várias vezes por dia um certo tipo de pensamento, é bom saber que já se tornou um padrão mental. Toda crença, ou padrão mental, interfere no corpo.

Aqui se pode citar mais uma Lei Universal: *a Lei de Causa e Efeito.* Não existe causa sem efeito e nem efeito sem causa. Jamais alguém sedimentará uma crença em si sem o efeito correspondente. Se a crença é positiva, os efeitos serão positivos. Se a crença é perversa, os efeitos serão perversos.

As pessoas mal informadas, que dizem que os maus vivem maravilhosamente, estão querendo admitir que veneno faz bem à saúde.

Posso mencionar mais uma Lei, revelada pelo Rabi: *a Lei da Repetição.*

Disse ele:

"Batei, batei, e abrir-se-vos-á". (Mt 7,8).

A Lei da Repetição é mais uma maneira de sensibilizar o seu subconsciente para que ele responda de acordo.

Note que Ele não disse: "Batei, que talvez possais conseguir". Pelo contrário, assegurou: "Batei e abrir-se-vos-á!"

Esta Lei é infalível. A psicologia e a sabedoria humana o confirmam. Basta citar os velhos ditados: "Água mole em pedra dura tanto dá até que fura" e "quem espera sempre alcança".

A repetição sensibiliza o subconsciente que, incandescido pela energia conflagrada, materializa a palavra.

A repetição fertiliza o terreno, criando todas as condições para que a vida se manifeste, seja qual for a semente.

Outras Leis conhecidas: A Lei da Fé, sobre a qual é dedicado um capítulo: "Aquilo no qual você acredita, acontece".

A Lei da Atração também já é bem divulgada.

INSISTINDO

A palavra é uma forma de pensamento e o pensamento é uma forma de energia.

Uma pessoa doente está em baixa energia ou em estado de energia negativa.

A doença começa pela mente.

Como a mente é a vida do corpo, estados de tristeza, depressão, estresse, raiva, ódio, mágoa, desânimo, preocupação, perturbações, sofrimentos internos, enfraquecem o sistema imunológico e abrem caminho para a enfermidade.

A palavra produz a energia do seu próprio conteúdo. Já foi dito.

A palavra tem poder criador.

A vida foi criada pela Palavra.

Jesus revelou essa verdade, ensinando:

"Tudo que pedirdes com fé, alcançareis". (Mt 21,22).

O pedido é a palavra dirigida a uma determinada intenção.

A ciência do poder da mente também chegou a essa conclusão, afirmando que tudo o que o subconsciente – a mente interior - aceitar como verdadeiro, seja bom ou ruim, negativo ou positivo, benéfico ou prejudicial – executará. Isto significa que a mesma mente que gera a enfermidade, tem, por conseguinte, o poder da saúde.

Há pensadores atuais unânimes em afirmar que o pensamento acreditado se materializa.

Prêntice Mulford, Eliphas Levi, o profeta Davi, Ralph Waldo Emerson, Masaharu Taniguchi, Ramakrishna, Émile Coué, U.S.Andersen, Thompson Hudson, Walter Germain, Harold Shermann, Napoleon Hill,

Howard Hill, Joseph Murphy, Roy Eugene Davis, para citar apenas uns poucos, ensinam que o pensamento expressado e acreditado se realiza.

Rudyard Kipling disse que a palavra é a droga mais poderosa do universo.

O centurião que foi pedir a Jesus a cura do seu servo querido, mortalmente enfermo, implorou ao Mestre:

"Dize, porém, uma palavra
para que meu servo
seja curado". (Lc 7,7).

Dize uma palavra. O oficial romano conhecia o segredo. Disse a Jesus que não era necessário que o Rabi fosse à sua casa para curar o servo, bastava a palavra de cura. Assim aconteceu.

9

A PALAVRA QUE CURA

Talvez você continue firme na sua teoria de que a palavra não tem nada a ver com o corpo. Muitos pensam que, se a palavra modificasse o corpo, a cada minuto teríamos um corpo diferente. Os mais engraçadinhos diriam que, de repente, uns teriam corpo de gigante, depois minúsculo, redondo, nariz comprido, nariz chato, pés de atleta, pés de cisne, cor branca, amarela, assim por diante. Antes de tudo, é necessário assinalar que a essência humana, a matriz, não é abalada pela palavra negativa, pessimista, maléfica e desvairada; apenas as configurações, as funções, as moléculas, a ordem, a harmonia energética, o bem-estar.

PALAVRA CRIAÇÃO DA MENTE

Apenas para recordar, palavra significa pensamento, crença, ideia, convicção, oração, meditação, emoção, canto, desejo, imagem, mentalização, queixa, raiva, ódio, amor, alegria, elogio, enfim qualquer forma de criação mental.

A vida humana é, acima de tudo, mente. Esta comanda o estado de ser, desencadeia emoções, promove atitudes, determina a ação, leva a chorar, explode risos, faz o rosto corar, expressa timidez, gera tensões, ilumina ou obscurece o coração afetivo, sobe ao espírito ou confunde-se com a matéria, quer dizer, é o centro vital. Como centro vital, a mente age sobre si mesma, sobre o corpo e sobre o mundo exterior. Por outras palavras, a mente comanda o processo criador e curador. Este processo se expressa pela palavra, sob qualquer de suas configurações.

Primeira constatação, que diz respeito à saúde e à enfermidade: a mente é a vida do corpo. Se tirar a mente do corpo, este morrerá. A prova é que, se não existir mais mente no corpo – é o caso da morte - não adianta enchê-lo de comprimidos, remédios, fazer cirurgias, aplicar-lhe injeções, cercá-lo com os maiores especialistas do mundo. Ele se desagregará de qualquer maneira.

Se a mente é a vida do corpo, mente positiva, alegre, saudável, otimista, feliz, cheia de amor, tornará o corpo energeticamente forte e saudável.

Mente triste, abatida, odiosa, raivosa, hostil, deprimida, desamparada, pessimista, negativa, preocupada, desajustada, doentia, abalará a performance do corpo, gerando o processo da enfermidade.

Quando você ama uma pessoa, por exemplo, você se sente rejuvenescido, energizado, leve, fortalecido.

Quando você está feliz, essa onda toma conta do seu corpo e você se sente mais saudável do que nunca.

Mente sadia – corpo sadio.

Examine o conteúdo dos seus pensamentos e saberá como está sua saúde.

A PALAVRA AGE NO CORPO

O método de cura pela palavra é tão simples e fácil que, ainda hoje, a maioria das pessoas não dá nenhuma importância.

– É simples e fácil demais, para ser verdade – comentam.

Está tão arraigada essa mentalidade que até remédio que não seja amargo e ruim de tomar, não é considerado eficaz.

É importante você entender que tudo que vem de Deus não pode ser complicado. Fazer leis difíceis e confusas não é próprio de quem sabe tudo. Todas as Leis Universais, como essa do "Pedi e Recebereis", são simples, acessíveis, fáceis, ao alcance de todos. Então, alivie sua dureza mental e use o poder da palavra em seu benefício.

10

A PALAVRA DE FÉ FAZ A CURA

Se alguém lhe dissesse que existe uma poção milagrosa e que bastaria bebê-la para ficar curado de qualquer enfermidade, você acreditaria?

- Nem um pouco! – exclamaria, por certo, você.

Foi o que aconteceu.

Jesus, em vários momentos de sua caminhada por esse planeta, avisou que existe uma "poção milagrosa", de nome fé. Simplesmente fé. Só duas letras, mas que, segundo Ele, possui uma força todo-poderosa, capaz de curar enfermidades, produzir milagres e tudo alcançar.

Era bom demais. A humanidade não acreditou.

- Prove! – gritaram alguns.

Jesus provou: curou leprosos, cegos, paralíticos, epilépticos, dementes; acalmou ventos, serenou o mar agitado; multiplicou pães e peixes; encheu barcos de peixes.

A fé é o explosivo fantástico, colocado à disposição do ser humano, para alcançar-lhe tudo o que deseja da vida.

Todas as pedras e obstáculos são removidos pela energia da fé.

Todas as doenças se desfazem, pelo poder da fé.

Todos os problemas se esboroam quando você sabe usar esta força irresistível a que Jesus deu o nome de fé.

O QUE É A FÉ?

É saber que a sua palavra tem poder criador e curador. É acreditar que a sua palavra se realiza. É ter certeza que a sua oração acontece.

Na definição de Jesus, fé é "crer firmemente na realização da palavra". Notou qual é a chave do poder?

- Não pode ser! – contestará você.

Por favor, não complique.

Se você negar tudo que não compreende, sobrará pouca coisa na sua enciclopédia pessoal. Garanto que sequer sabe por que uma vaca preta, que come pasto verde e bebe água incolor - dá leite branco. Por que uma semente branca produz melancia verde por fora e vermelha por dentro? Estou brincando com você. Mas, quase tudo o que hoje você usa normalmente, era impossível um ou dois séculos atrás. Não existe o impossível. Jesus afirmava categoricamente que tudo é possível a quem tiver fé.

Se o Mestre garantiu que a fé tudo alcança, tem você autoridade e conhecimentos para dizer que é mentira?

A FÉ NADA TEM DE ABSURDO

Antigamente se dizia: "Credo quia absurdum". Creio por ser absurdo. Se é absurdo, não compreendo, mas creio. Se é verdade revelada, creio, mesmo que pareça absurdo.

A verdade nada tem de absurdo. Pelo

contrário, é a suprema lógica.

"A verdade vos libertará" – ensinou o Mestre.

Onde quer que você encontre a Verdade, sentir-se-á livre e feliz. Esqueça esse jargão antigo e antiquado. A fé não é absurda, apenas escapa aos parâmetros científicos conhecidos até agora. Mas, pode-se provar pelos resultados. Quando se colocam corretamente as premissas da fé, o resultado nunca falha. Como acontece? Por quê? Não pergunte, use-a.

Pelo poder da fé, a palavra de saúde cura a doença, a palavra de amor produz amor, a palavra de sucesso produz sucesso, a palavra de harmonia produz a harmonia.

Está doente? Faça a oração da cura e ficará curado.

Mande embora, neste instante, a doença e ela obedecerá.

Visualize a saúde, proclame a sua saúde, não volte atrás, e celebre o milagre da sua cura.

Se a sua palavra vacila, ligue-a na palavra de Jesus.

E acredite.

O MÉTODO DE CURA PELA FÉ

Há vários métodos de cura ensinados por Jesus, entre os quais o infalível, extraordinário e poderoso método de cura pela fé. Permita-me voltar ao tema, já que esta foi a mais espantosa revelação do Nazareno.

Jesus curava as pessoas pelo método da fé: "Se tu crês, seja feito conforme a tua fé".

- Queres ficar limpo? Sê limpo!

- O que é que tu queres?

- Ver.

- Vê.

- E tu, o que desejas?

- Andar, Senhor!

- Caminha!

Pode perceber que Jesus se dedicou, desde o início da sua vida pública até o fim, a curar os doentes. Fossem quais fossem as doenças, todas elas cediam, todas elas eram eliminadas.

Mesmo que a sua enfermidade seja considerada incurável, lembre-se que a fé remove qualquer montanha.

Nunca desanime.

Jamais pense que seu problema não tem solução.

Muitos doentes, portadores de enfermidades incuráveis, foram até Jesus e todos ficaram curados. Por que não você?

Conta o médico evangelista Lucas que uma mulher gastara toda a sua fortuna com médicos e curadores, na busca da cura de um fluxo de sangue. Não conseguiram. O mal progredia cada vez mais. Certo dia, ela soube que Jesus estava percorrendo as ruas da sua cidade. Já tinha ouvido falar dos milagres que Ele fazia. Uma grande fé apoderou-se dela e exclamou: "Se eu conseguir aproximar-me dele e tocar com meu dedo no manto sequer, ficarei curada".

Assim pensando, saiu para a rua e se meteu no meio da multidão, que se acotovelava em torno de Jesus.

Observe que ela não ficou em casa, pensando consigo mesma: "Não adianta, não adianta, os médicos já tentaram, não tem cura, não tem solução, o que é que vou fazer lá?"

Não se deixou abater pelos insucessos nas tentativas de cura. Saiu de casa confiante, com a mente ligada nessa ideia: "Se eu tocar no manto sequer, ficarei curada".

Esta era a oração da fé daquela mulher.

Veja você que não é necessário que se façam orações pomposas, bonitas, compridas, sacrificadas. Só uma coisa é necessária: a fé.

"Se eu tocar no manto sequer, ficarei curada".

Enfrentou a aglomeração do povo, abriu caminho entre as pessoas, e conseguiu tocar com o dedo no manto de Jesus, ficando instantaneamente curada.

SUA SAÚDE COMEÇA AGORA

Se você disser agora: "Estou curado da minha doença" - e acreditar na realização da sua palavra - você está curado. Pode a cura não se estabelecer instantaneamente, mas já começou a processar-se. Esta é uma Lei que não pode falhar.

Certa vez, Jesus afirmou:

"Se tiverdes fé e disserdes a
este monte: "Sai daqui e lança-te ao
mar", e não duvidardes
em vosso coração,
mas crerdes firmemente
na realização da vossa palavra,

há de acontecer assim mesmo". (Mc 11, 20-26).

Não sei se você se apercebeu de um detalhe fundamental: "...e crerdes firmemente na realização da vossa palavra". Esta é a chave do segredo. Para acreditar na realização da palavra, precisa se conscientizar de que fé é uma Lei infalível e não uma questão de sorte ou merecimento. Por ser uma Lei do Infinito, já não depende do Legislador, mas de quem usa a Lei. A cura pela fé, portanto, depende do enfermo, ou seja, da fé do enfermo e não mais da vontade de Deus.

A vontade de Deus é que sua Lei se cumpra. É por isso que Jesus dizia: "Vai em paz, a tua fé te curou!"

Em Curitiba, certa vez, me perguntaram:

- Quanto tempo leva desde que a gente começa a mentalizar a saúde até alcançá-la?

Respondi:

- O tempo tem o tamanho da sua fé. Se a sua fé é pequena, o tempo será mais longo, porque você precisará reforçar a ideia, impregnar a mente, usando os métodos da repetição, da mentalização, da oração, para conseguir tornar forte em si a imagem e a verdade da cura.

Quanto mais intensa for a imagem da cura na mente, mais fortemente impressionará o subconsciente. Isso pode levar tempo. Mas, se você acredita, aqui e agora, que a sua palavra, a sua determinação, a sua mentalização, a sua oração, produz a saúde irreversivelmente, instantaneamente, é isto que vai acontecer. Se, porém, não tiver essa convicção absoluta, não desanime; assim mesmo, você está a um passo da saúde. E Jesus, que curou toda aquela multidão de doentes, curará você da mesma maneira. Você não é menos do que os outros.

O mundo não podia ter só um pequeno grupo de privilegiados, aqueles que conseguiram viver na época do Mestre. O próprio Nazareno afirmou: "Eu estarei convosco todos os dias até a consumação dos séculos". (Mt 28,20).

Ele disse: "Pedi e recebereis". Ele não disse: "Pedi enquanto eu estiver aqui na Terra". Falou claro: "Pedi e recebereis". (Mt 7,7-12).

Você receberá, porque esta é uma Lei que jamais falha.

Quando você coloca manteiga no fogo,

ela derrete. Não pode ser diferente. Assim é a Lei da Fé: quando você coloca as premissas corretamente, o resultado sempre tem que acontecer. Eis porque Jesus disse: "Pedi e recebereis". O seu pedido já é a substância do próprio recebimento. Ele confirmou esta verdade em diversas ocasiões, quando assegurou:

"Seja o que for que desejardes, quando orardes crede que tendes alcançado, e alcançareis". (Mc 11,24).

Veja que Ele não disse: "Se pedirdes a cura das doenças que não forem incuráveis". Também, não disse: "Se pedirdes a cura das doenças que não tiverem mais de dez anos..." Não, Ele foi categórico: "Seja o que for, seja o que for". "Tudo o que pedirdes", porque dentro de você há um Poder Infinito Curador, que é o próprio Deus.

"E tu, quando orares – disse o Mestre – entra no teu secreto e ora a teu Pai, que está no secreto; e teu Pai, que está no secreto, e que vê o que é oculto, ouve a tua

prece e te atende". (Mt 6,5-14)

Você já deve ter notado que Ele nunca colocou um "talvez" ou "se for da vontade do Pai", que tantos estão acrescentando. A Lei é esta: O que você pede e acredita, acontece.

- Fantástico – dirá você – porém impossível!

Não é porque você não alcança a dimensão total desta Lei que ela vai deixar de ser verdadeira.

Não é por causa da pequenez da sua compreensão que Jesus deveria ter feito uma afirmação menorzinha.

Não é porque você não apreende o significado total desta Lei que estará autorizado a dizer que Jesus está exagerando.

Jesus provou que a Lei da Fé é verdadeira e que funciona.

USE O PODER DA FÉ

Deseja você alcançar a saúde?

Use a Lei da Fé.

- Quanto ao poder – disse Jesus – quem tem fé tudo pode. (Mt 17,14-21).

Você pode também.

Pare de ficar raciocinando, analisando, medindo, comparando, porque a sua mente consciente, com a qual você está analisando, raciocinando, medindo, é uma faixa minúscula da mente. Com apenas essa faixa da mente, não alcançará nunca o universo todo, a unidade total, a dimensão maior do ser humano-divino.

Se você quer racionalizar tudo, vou darlhe um exemplo simples: analise quantas coisas que, há dez anos, você dizia que eram impossíveis, e hoje são realidades normais na sua vida! Mas, há dez anos, você negava, duvidava e ridicularizava quem estivesse enxergando um pouco à frente, aonde não alcançava o seu raciocínio.

Eu tenho um volume antigo da enciclopédia "Tesouro da Juventude". Naquele volume, ela provava que era impossível o homem chegar à lua. E os entendidos alinharam uma série de argumentos para confirmar esta tese. Mas, o homem foi lá, derrubando todos os argumentos contrários. Portanto, o que hoje pode parecer algo inaceitável ou impossível, daqui a cinco ou dez anos é natural, comum, fácil, comprovado.

Jesus falou há dois mil anos, e ainda hoje

muitos não entendem perfeitamente, por isso não acreditam. Mas, mesmo assim, continua sendo verdadeira a sua palavra.

Se você não chega ao alcance total, não se constranja, use o poder da fé em seu benefício e você mesmo comprovará o milagre que acontecerá na sua vida.

Certo dia, uma senhora, entusiasmada com os inventos de Thomas Alva Édison, perguntou-lhe:

- Professor, o que é a eletricidade?

Ele respondeu:

- A eletricidade não se explica, minha senhora, se usa.

Se você não entende de onde vem essa força, essa energia capaz de ser explodida pela palavra, pela oração, pela mentalização, pelo desejo, use-a assim mesmo, que isso é o que importa. Se Jesus assegurou que é assim, e provou que é assim, trate de usar agora, enquanto é tempo, e não daqui a dez anos.

O MILAGRE DA SUA ORAÇÃO

Faça uma prece poderosa e veja, nesta prece, a sua cura, a sua saúde.

Ao criar a saúde na mente, está curado,

se não voltar atrás. Muitos voltam atrás. Pedem a cura, mas acreditam na doença. Quase sempre a pessoa se fixa na visão real em detrimento da visão mental, que é a base da nova realidade. Se o cérebro não receber uma nova informação, processará a que já existe.

Jesus disse: "Quem põe a mão no arado e volta para trás, não é digno de mim". (Lc 9,62).

O Mestre insistiu que é preciso "crer firmemente na realização da sua palavra". Se você, agora, por exemplo, faz a oração da cura de uma úlcera duodenal, visualizando seu duodeno perfeito, funcionando corretamente, na justa e reta ordem divina, pelo poder da fé e pela infalibilidade da oração, você está curado, seu duodeno está curado. A palavra acreditada produz a realidade do seu conteúdo. O nó górdio da questão – continuo a insistir - é você mudar a verdade da doença, da dor, e da medicina, fixando na sua mente a nova verdade da saúde perfeita. Esse é o problema, que precisa ser superado.

Aqui está o segredo e a chave.

Os apóstolos, embora fossem homens rudes, sem muita cultura, aprenderam de Jesus o método da cura pela fé e o usaram. Tiago, numa das suas cartas ao seu povo, escreveu:

"Há alguém doente
entre vós?...
Faça a oração da fé
e a oração da fé curará o
enfermo". (Tiago 5,14-18).

Aquilo no qual você acredita, você se torna. Isso dizem todos os grandes pensadores da mente.

Faça agora a oração da cura. Mentalize o seu órgão funcionando saudavelmente, e acredite que assim é e assim será. Mantenha firme essa verdade. Não volte atrás. Continue tomando os remédios receitados, mas sempre com a firme convicção de que uma Força superior está regenerando seu organismo. Agradeça a cura muitas vezes por dia, pois, além de tudo, é uma forma de fortalecer sua crença na saúde perfeita.

11

CURE A SUA DOENÇA

Quero falar, aqui, justamente sobre a saúde que você veio buscar.

A primeira pergunta que se impõe é esta:

- Por que veio você buscar a saúde? Por que quer se libertar da sua enfermidade?

- Ora – responderá você - porque a doença não é uma coisa boa. Não me permite viver bem. Faz-me sofrer. Traz-me prejuízos.

Muito bem. O ser humano não foi feito para sofrer. Como filho de Deus, sua essência é perfeição, é felicidade.

O dom natural de toda a criatura humana é a saúde. Jesus recomendou: "Sede perfeitos como o vosso Pai celestial é perfeito!" Perceba que Ele não determinou a renúncia, o sacrifício, a dor, mas o contrário, ou seja, a harmonia, a saúde perfeita.

A saúde, que você quer para si, é desejada por Deus para você. Também a humanidade e o universo almejam sua saúde, porque, se você está enfermo, uma parte da humanidade e do universo está doente. Assimile essa verdade.

O Infinito e o finito conspiram a favor da sua saúde.

CONDIÇÃO PARA A CURA

As perguntas que aqui assomam são estas:

Deseja você realmente a sua saúde?

Acredita na cura?

Está decidido, neste momento, a desfazer-se definitivamente da causa da enfermidade?

Antes de tudo, desfaça-se de crenças negativas, tais como, por exemplo, que foi Deus quem lhe mandou a enfermidade, ou que seu caso não tem cura, ou que deve sofrer por amor do Cristo, ou que precisa pagar seus pecados. Elimine todas as crenças prejudiciais, que impedem sua disponibilidade para a recuperação da saúde.

Quando você pensava que Deus lhe mandava as doenças, estava enganado. Deus não manda doença para ninguém. Somos nós mesmos que criamos as nossas próprias enfermidades. É a Lei de Causa e Efeito.

Convença-se de que a doença é um mal e um filho de Deus não faz pacto com o mal.

Quando aquele homem disse a Jesus: "Se tu queres, podes curar-me!", o Rabi respondeu de imediato: "Eu quero! Sê curado do teu mal!"

Certa vez, ao desembarcar em Cafarnaum, Jesus encontrou a sogra de Pedro de cama, febricitante. O Nazareno repreendeu a febre e mandou que deixasse aquela mulher. Imediatamente a febre desapareceu e a mulher levantou-se e foi servir os discípulos e Jesus.

Se você adoeceu, busque a cura, por qualquer caminho. Todas as vias benéficas, que possam conduzir você à saúde, são ótimas, seja o caminho da medicina convencional, sejam outros métodos positivos de cura que porventura você possa conhecer. Geralmente, a soma de todos os métodos positivos é a melhor forma de vencer a enfermidade. Um batalhão faz muito, um exército faz muito mais.

Mas, não despreze o caminho da cura pela fé.

12

O CAMINHO DA CURA PELA PALAVRA

Um dia, uma pessoa veio me dizer que estava sofrendo de muita sede. Eu comecei a explicar-lhe que...

Ela cortou-me:

- É que a minha sede é um problema antigo, mas agora se agravou muito. É um tormento que me aflige. Não sei mais o que fazer!

Falei-lhe:

- Está bem. Para resolver o seu problema eu tenho um remédio muito...

- Mas, o senhor não me entendeu – avançou ela – porque esse meu mal não é tão simples assim. Meu avô já sofria dessa doença. Meu pai também tinha esse mal. Eu acredito que seja diabete, porque é uma tragédia a sede que eu sinto. Duvido que exista alguém, neste mundo, que sofra tanto como eu!

- Eu sei o remédio. É muito simples e vou dizer-lhe em duas palavras...

- Não, não é simples assim. Há muitos anos que minha vida é amargurada. Perdi toda a alegria de viver. Não me sinto bem em lugar algum, só por causa deste problema.

- Mas – tentei falar – eu vou lhe dizer que...

- O senhor não vai dizer coisa nenhuma, porque não adianta. Sou uma condenada a sofrer de sede.

Quando ela me permitiu, concluí a frase:

- Pois bem, para matar a sede, tome esse copo de água.

Isto acontece com muitas pessoas. Parece que seguem aquele lema espirituoso, que diz: "Se a gente pode complicar, por que fazer simples"?

Certa vez, recebi um telefonema de Minas Gerais. Era uma senhora que tinha acabado de ler o meu livro "O Poder Infinito da

Sua Mente". Estava numa situação mental terrível. Fazia, inclusive, tratamento psiquiátrico. Dizia, muito aflita, que não sabia mais o que fazer, que estava desanimada, a pressão muito alta devido a uma série de problemas que a atrapalhavam na vida.

Perguntei-lhe:

- O que é que você quer da vida?

- Ah, é um drama! Eu sou viúva... Meus familiares... Sabe, ultimamente, não sei o que acontece comigo!

- Mas, o que é que você quer?

A mulher continuava falando, enrolando, complicando, confundindo.

Eu esperava pacientemente a oportunidade para clarear tudo e definir a solução.

Não é o conhecimento do problema que o soluciona, mas o conhecimento da solução. Quando uma pessoa sabe a solução, tem meio caminho andado. Daí para frente, basta mentalizar a solução. Porque, tudo o que o subconsciente aceita como verdadeiro, ele executa. Ou, como ensinara Jesus: "Pedi e recebereis!"

Mas, a mulher continuava falando e falando, dizendo que o problema vinha de longe e que os familiares não a entendiam...

- E o que é que você quer?

- Pois, veja o senhor, me sinto desanimada, estou até perdendo as forças...

- E o que é que você quer que aconteça na sua vida para que seu problema fique solucionado?

- Ah, eu não acredito em mais nada. Tudo vai mal. Ninguém me compreende...

A esta altura, tomei a palavra e lhe disse carinhosamente:

- Olha, pare de enrolar-se no seu problema. Pare de dizer para mim, para seu pai, para sua avó, para a sua amiga, para o seu tio, para o seu vigário, para o seu médico, sempre a mesma coisa. Quer a solução? Quer mesmo a solução? Então, pense na solução e não no problema.

- Eu me sinto sozinha e quero ter um Amor na vida – confessou ela.

- Agora sim você deu o primeiro passo importante para sair desta situação. Disse a solução do seu sofrimento:"Quero ter um Amor na vida!" O Poder não funciona se não tem sobre o quê funcionar. Quando você fala em desânimo, tristeza, solidão, falta de alguém, está reforçando e reafirmando essa realidade negativa. Está usando o poder da palavra para consolidar o seu problema e não para resolvê-lo.

Ao dizer que deseja ter um Amor na vida, mudou os padrões de pensamentos e seu subconsciente tem sobre o quê trabalhar em seu benefício.

Como o subconsciente não distingue entre pensamento e realidade e nem entre imagem e realidade, aconselhei-a a mentalizar o Amor da vida dela:

"Eu estou atraindo o verdadeiro Amor da minha vida. Abro o meu coração para o meu Amor. Desde já, nós nos amamos, somos sinceros e nos entendemos perfeitamente. Em casa, todos estão felizes com o nosso amor e com o meu casamento. Sei que a Lei do pedir é a Lei do receber, por isso, desde já estou em paz, alegre, otimista, e deixo que a Sabedoria Infinita me conduza ao verdadeiro Amor da minha vida. Sou agora como um ímã atraindo a pessoa que me ama. Nossos

corações estão sintonizados e o nosso encontro está acontecendo. Agradeço a Deus e a você. Assim é e assim será".

Aí estava o remédio, a solução e a cura.

A palavra é a fórmula, o conteúdo da palavra é o poder. Eis a chave do segredo, você já sabe.

Se essa moça fizer a mentalização acima, mas não acreditar que está atraindo seu Amor, falha a Lei da Atração, porque a chave do segredo é o cerne da palavra. Há pessoas que dizem uma coisa e acreditam no contrário. A palavra só tem a casca, o cerne está na palavra contrária.

Quanto mais uma pessoa se lamenta, mais reforça essa realidade.

Acha você que, sabendo a causa dos seus problemas, está curado?

Não está curado. Apenas tem um problema a mais: sabe a causa.

Você está curado de seus males mentais ou psicológicos quando os tira da cabeça, substituindo-os pela mentalização da solução. Agora, sim, há uma nova realidade na sua mente e teve início o processo da cura.

A sua palavra determina a sua vida.

Está triste?

Mentalize alegria.

O que mais você quer?

Plantando a solução na mente, colherá a solução na realidade.

Como acontecerá?

A Sabedoria interior apontará o caminho.

DA ESCALADA DA DESGRAÇA PARA A ESCALADA DO SUCESSO

Existe um ditado, que diz: "Nenhuma desgraça vem sozinha". De fato, há fundamento. Para os que não sabem usar a mente, a tendência é que uma desgraça crie um rosário de desgraças. Veja como ocorre o fenômeno: alguma coisa não andou bem e, por isso, você ficou triste. Você continuou curtindo essa tristeza, que se avolumou e se tornou depressão. O estado de depressão provocou desânimo, baixou o nível de energias físicas, afetou a pressão, deu margem à ação de micróbios, vírus, bacilos e bactérias. Surgiu a doença.

- Deus do céu! – exclamará você. – É tristeza, desânimo, depressão, doença, parece o trem do mal!

- Uma desgraça chama outra. Mas, ainda não é tudo. Seus negócios também começarão a decair, pois a mente negativa e o estado abatido produzem uma aura repulsiva e os clientes sentir-se-ão mal junto de você, procurando evitá-lo. A falta de vontade e de energias reduzirá a produtividade. Resultado: os negócios também declinarão. Diante disso, você exclama: "Como eu sou azarado! Tudo vai mal comigo. Deus se esqueceu de mim! Até as pessoas fogem de mim!"

Nada disso! Troque de pensamentos e tudo se modificará. Pensamento é energia e a energia faz a sua aura.

Seus pensamentos negativos criaram toda essa situação calamitosa.

Agora, seus pensamentos positivos criarão sua nova situação de alegria, de saúde e de sucesso.

TROQUE SEUS SOFRIMENTOS POR ALEGRIA E SAÚDE

Quando eu dou cursos, por esse mundo afora, coloco sempre uma caixa de papelão para que as pessoas possam escrever as perguntas que quiserem e, nos espaços reservados para isso, abordo as questões levantadas.

Ao dar o primeiro curso em Aracaju, surgiu esta inusitada colocação:

"Qual é a finalidade do ser humano aqui na Terra?

Para que é que nós estamos aqui na Terra?"

É claro que não respondi que a criatura humana está aqui nesse planeta para sofrer a fim de conquistar os páramos celestiais. Nem proclamei que a Deus agrada a renúncia, o sacrifício e a penitência.

A finalidade do ser humano aqui nesta Terra é realizar sua essência. E qual é a essência humana? Ser feliz. Sim, porque somos originários da Suprema Felicidade, nascemos felizes para sermos felizes. Esta Terra é o nosso paraíso terrestre. Já abordei este assunto, mas repetir nunca é demais. É a Lei do "batei e abrir-se-vos-á".

Caminhe cantando pelas sendas floridas e abençoadas deste paraíso. Viva alegre e feliz neste mundo maravilhoso. Assim, você estará cumprindo, com perfeição, seu destino divino e contribuindo para a felicidade das pessoas.

Quanto mais junto de Deus você se sentir, mais feliz será. Mas, espere um pouco: sentir-se junto de Deus não quer dizer passar a maior parte do tempo na igreja, ou rezar mil ave-marias por dia, ou açoitar-se duas vezes por semana, como alguém pode pensar.

Sentir-se junto de Deus é contemplá-lo na beleza e no perfume das flores, é apreciar o gorjeio dos pássaros, emocionar-se com o nascer do sol em manhã radiante, desprender sorrisos e palavras gentis, sentir a paz dos lagos, a calma das campinas, a grandeza das montanhas, o encanto do pôr-do-sol, a inocência da criança, o carinho dos que se amam, a bondade de quem cuida de um paciente, a generosidade dos que abominam a mesquinhez, o perdão de quem errou, o milagre de cada dia.

As pessoas que são alegres, saudáveis, felizes, bondosas, amigas, estão muito mais em comunhão com Deus, mesmo que sejam de outra crença, ou não pratiquem oficialmente nenhuma religião, do que as mais altas autoridades de qualquer religião que sejam tristes, intolerantes, duras e cruéis. Deus é o Bem e no Bem não há lugar para revolta, intolerância ou fanatismo.

Se você, no entanto, está incorrendo nesses males, não perca tempo em autocomiseração e sentimentos de culpa. Faça de imediato a oração da alegria, da compreensão, da bondade, da felicidade, e a Luz Divina voltará a brilhar com toda a intensidade no seu coração.

Se você está sofrendo, faça a oração da paz, da calma, da saúde e da solução. Como toda a oração verdadeira é infalível, você recuperará a paz, a calma, a saúde e a felicidade. E estará, desta forma, em maravilhosa comunhão com Deus.

Mas, o que é uma oração verdadeira? Onde está a chave da oração verdadeira? É aquela em que há fusão entre a palavra e o seu conteúdo. Esta é a chave.

O QUE VOCÊ CRIA NO PENSAMENTO COMEÇA A EXISTIR

O caminho pelo qual você vai mudar a sua vida é a via mental.

A estrada da vida nasce no seu coração. A estação primeira é seu coração.

O que você cria na mente já começa a existir de verdade. Tudo o que você quer que exista no seu mundo mental, espiritual, físico e material, deve, antes, acontecer na mente. Primeiro o pensamento, depois a realidade. Sua mente puxa o trem existencial.

Como você sabe, o pensamento é uma realidade mental que se torna realidade física. O pensamento materializa-se pela solidificação da energia mental. O pensamento é a substância, a materialização é a forma. Para usar uma comparação, o pensamento é o H_2O que faz a água.

Já dizia isso o escritor U. S. Andersen: "O pensamento faz a forma, o pensamento faz as coisas". Portanto, depois que você sabe o que quer, crie mentalmente a realidade desejada. Forme um quadro mental, visualizando a realidade pronta, acabada.

Pare um pouco, acalme a sua mente, relaxe, e agora faça a oração ou mentalização do seu desejo.

COMECE AGORA A TER SAÚDE

Para você curar-se da sua doença, comece agora a visualizar a sua saúde.

Antes de tudo, limpe a sua mente de todo mal: perdoe-se a si mesmo, perdoe aos outros, peça perdão a Deus e às pessoas às quais prejudicou. Pronto, se você não volta atrás, repensando o mal, eliminou a causa da doença.

Agora você vai se libertar de todos os seus males e problemas. Chegou a sua hora de acabar com o sofrimento.

Não se preocupe COMO conseguirá a solução. Invoque a Sabedoria Infinita, que habita o seu íntimo. Ela sabe a solução. Peça a solução ao Pai, que habita o secreto do seu ser, e tudo acontecerá de forma admirável.

Lembre-se que o receber depende do pedir.

"Se você pede – disse Jesus – você recebe". Seja o que for.

Concentre-se agora em si mesmo. Desça

à região mais calma e profunda da sua mente e, neste estado de oração e de graça interior, faça a prece do seu desejo, faça a oração da cura. E agradeça. Porque, no reverso do pedido, está o recebimento.

Esta é a hora do seu milagre. Acredite.

MENTALIZE A SAÚDE

Visualize todo o corpo intensamente iluminado pela Luz Divina curadora. Converse agora mentalmente com o seu órgão iluminado, dizendo que está tudo bem e que não há mais necessidade de sofrer. Diga que existe comunhão de amor e saúde entre você e o órgão. Converse carinhosamente com essa parte do corpo, propondo e determinando a saúde, e agradeça, desde já, porque ele vai começar a funcionar corretamente, na justa e reta ordem divina. Se você tiver que tomar remédio, diga mentalmente para o seu ór-

gão, ao tomar o remédio: "Olha, meu amigo, vou ajudar você a se recuperar o mais depressa possível, por isso vou tomar esse remédio. Ponho nele toda a energia de Deus e do universo. Vai produzir ótimos resultados".

E continue visualizando seu órgão iluminado, perfeito, funcionando às mil maravilhas.

Faça assim algumas vezes por dia. Daqui para frente, seu órgão reagirá cada vez melhor.

O processo da cura começou.

13

CURE A SUA INSÔNIA

Deus criou o sono e você criou a insônia.

Depois das intensas atividades do dia, você precisa descansar para recuperar as energias. Por isso, Deus criou o sono.

O sono é a mais perfeita terapia natural.

Quando você não dorme as horas necessárias, vai indo contra a ordem natural da vida e as consequências serão desastrosas.

Um dos grandes problemas da época moderna é que as pessoas, depois de um dia agitado e tenso, não relaxam à noite, sofrem de insônia, e acordam no dia seguinte ainda mais cansadas, mais irritadiças e mais nervosas. Esses desgastes vão se somando a cada dia, produzindo, por consequência, o estresse.

A insônia leva ao estresse e o estresse conduz à insônia. Eis o círculo vicioso da enfermidade.

Uma das possíveis razões da sua insônia é ir para a cama irritado, carregado de ódio, raiva, mágoa, agressividade. Enquanto você mantiver um cachorro e um gato brigando no seu coração, ficará desperto.

Outra causa de insônia é você ficar na cama repisando as complicações do dia, fazendo cálculos, analisando dívidas, somando cheques, alinhando contas a pagar. Assim, seu cérebro se manterá em ciclagem alta, impedindo o sono.

Pode ser, ainda, que você fique remoendo desentendimentos, ofensas, prejuízos, problemas de relacionamento. Dessa forma, também será difícil conciliar o sono.

Insônia não paga dívidas, nem resolve problemas. Este é o primeiro motivo para se decidir a deixar as frustrações pra lá e dormir o sono dos bem-aventurados. Pense que não há nada como um dia depois do outro e uma noite no meio.

O pior da insônia é que, na calada da

noite, os problemas aumentam de volume e assustam mais. Faça uma oração em que agradece o dia e os acontecimentos, e peça a bênção divina para acordar de manhã em perfeita saúde e com a solução dos problemas. E durma bem.

O QUE FAZER PARA DERROTAR A INSÔNIA

Quer derrotar a insônia?

Ignore-a. Dê-lhe as costas. Faça outra coisa. Recuse-se a recebê-la em sua cama. O maior desejo da insônia é brigar com você. Ignore-a. Ligue a televisão, ou reze o terço, ou leia um livro chato, desses de dar sono.

Eu durmo de qualquer jeito: com luz acesa, luz apagada, televisão ligada ou desligada, posso ser acordado quantas vezes forem, e reato o sono em seguida. Às vezes, até gostaria de pegar uma insoniazinha para ler algo, ver algum bom programa de televisão. Você, que diz sofrer de insônia, tem essa vantagem. Aproveite. Não se atormente pela falta de sono, tire o estopim da bomba e desfrute o tempo de vigília.

Se está tenso, a primeira coisa a fazer é

relaxar, acalmar a mente, pois só assim conseguirá baixar o ritmo cerebral até chegar aos níveis do sono.

Um bom método é chamar cada parte do corpo e dizer, silenciosamente, monotonamente, para relaxar. Em seguida, acalme a mente, depois inunde de amor o coração. Pense uma cena ou um acontecimento agradável. Que tal transportar-se mentalmente a um lugar pitoresco, poético, aprazível e imaginar que está desfrutando o ambiente? Ou, então, mentalize:

"Agora estou calmo, bem calmo. Estou com sono, muito sono, muito sono".

Concentre-se apenas nas palavras que está pensando. Não se preocupe se a mente, de vez em quando, volta a repisar problemas. Continue mentalizando: "Estou calmo, calmo, muito calmo. Tudo está bem comigo. Estou com sono, muito sono..."

Se surgir alguma pessoa na sua mente com a qual esteja brigado ou pela qual tenha sido prejudicado, mentalize, em paz: "Eu abençoo você. Tudo está nas mãos de Deus. Ele vai colocar a verdade e o amor no seu coração e nos entenderemos na justa e reta ordem divina. Perdoo e sou perdoado. Sei que você tem Deus dentro de si, por isso me fará justiça. Agora estou calmo, com sono, muito sono".

Se, por acaso, você está com medo, reze esta parte do salmo 90 da bíblia:

"Nenhum mal chegará perto de mim, nenhuma desgraça baterá à minha porta, pois o Senhor deu uma ordem aos seus anjos, para, em todos os caminhos, me guardarem."

Visualize os anjos, de plantão, em todos os recantos da sua casa.

E continue mentalizando monotonamente: "Estou com sono, sono, muito sono..."

O que faz com que muitas pessoas não durmam é que elas dizem e pensam: "Eu não consigo dormir. Não consigo, não adianta". Esta afirmação é uma verdadeira programação mental. O subconsciente, que obedece literalmente, vai tratar de cumprir a ordem, fazendo com que a pessoa não consiga dormir.

Mude o pensamento: "Hoje eu dormirei em seguida e terei um sono sereno e reparador".

Ao deitar e fechar os olhos para dormir, mentalize: "Obrigado, meu Deus, por esse dia que vivi! Em teu coração amoroso adormeço agora tranquilamente e acordarei amanhã em perfeita saúde e feliz!"

Não se preocupe se não pega logo no sono. Basta que você esteja completamente relaxado, a mente vazia, e já estará usufruindo os benefícios do sono. Mesmo sem dormir.

Há doentes que, à noite, não conseguem conciliar o sono, talvez com medo que possa acontecer algo indesejável. Para vencer esse medo, mentalize: "Agora terei um sono perfeito, saudável, revitalizante, restaurador. Coloco a minha vida sob a guarda e proteção divina, por isso dormirei um sono profundo e reparador e acordarei, de manhã, bem-disposto e muito melhor e melhor". Relaxe e durma tranquilamente.

Conheço pessoas que não dormem, à noite, porque ficam pensando nos compromissos do dia seguinte. Pare com esse absurdo. Lembre-se do ditado que diz: "O travesseiro não paga conta de ninguém". A melhor maneira de pagar a conta no dia seguinte é dormindo bem de noite, porque acordará bem-disposto, levantará cheio de energias e terá a bênção divina para encontrar a solução desejada. Lembrou que já falei sobre isso?

Jesus disse, para as pessoas que se preocupam com o dia seguinte:

"Não vos preocupeis com o dia de amanhã. O dia de amanhã cuidará de si mesmo. Basta a cada dia a sua lida". (Lc 12,22).

Precisa solucionar algo ou pagar algo? Mentalize a solução e o Poder Divino virá em seu socorro. Então, durma em paz e feliz.

TOME UM COMPRIMIDO DIVINO

Certo dia, um senhor me disse que só podia dormir por meio de comprimidos. Milhões de pessoas tomam comprimidos para dormir e, não raro, acabam não dormindo por causa dos comprimidos. Não diga mais que só dorme com comprimidos, porque essa também é uma ordem que o seu subconsciente cumprirá.

Mentalize: "A noite foi feita para dormir. O meu corpo e a minha mente querem dormir agora, por isso não preciso mais de comprimidos. Já estou com sono. Com sono. Com muito sono. Durmo com toda facilidade. Estou com sono, com muito sono, muito sono".

Imagine um comprimido mental divino, feito por Deus para você dormir, e tome mentalmente esse comprimido divino. E mentalize: "Agora estou com muito sono. Um sono irresistível. Muito sono. Muito sono".

E repita monotonamente a palavra sono, sono, sono, muito sono.

DURMA. BOM SONO.

Decida-se, agora mesmo, a querer dormir, todas as noites, o sono natural, tranquilo e abençoado.

Sei que são muitas as pessoas que sofrem de insônia. Tanto que até gravei CD para levar essas pessoas a conseguirem um sono rápido, saudável, reparador, natural e benéfico.

Mas, você agora sabe como deve fazer para dormir bem todas as noites.

A noite foi feita para dormir. Durma.

Pense que é fácil e será fácil. Durma.

Uma senhora me contou que tinha que tomar, todas as noites, pelo menos três comprimidos para dormir. Foi diminuindo gradativamente a quantidade, até que conseguiu deixar que seu sono fluísse, ao natural.

Todas as noites o sono espera por você. Carinhosamente. Não o expulse e nem o importune. Abra as portas da mente, do cérebro e do coração, e convide o sono a entrar com amor e boa vontade.

Garotos, homens, senhoras, jovens, insones, com problemas perturbadores à noite, passaram a dormir maravilhosamente bem através de uma simples mentalização, ou oração, ou bebendo um pouquinho de água energizada, ou ouvindo um CD de relaxamento para dormir. Você também pode. Diga que pode. Pense que pode.

E, agora, agradeça a Deus e ao sono, porque um e outro são seus amigos muito queridos.

Bom sono!

14

A ORAÇÃO QUE CURA

A oração sempre existiu.

É inato no ser humano procurar contato com o Criador.

É natural ver, no Criador, um Ser amoroso, poderoso, bondoso, misericordioso, e buscar seu amparo e acolhimento.

É instintivo o relacionamento entre Pai e filho.

É comum o hábito da conversa entre duas pessoas que se amam, aqui no caso você e Deus.

É da essência do coração sentir vontade de louvar o Criador pelas esplendorosas maravilhas do universo e derramar-se de gratidão por tantos benefícios disponíveis.

Isso se chama oração.

Oração é a sua palavra afetuosa, sincera, amorosa, agradecida, dirigida a Deus.

Oração é a sua súplica, seu pedido e seu apelo ao Pai.

Oração é sua palavra carinhosa ao pé do coração do seu Criador.

Oração é o contato íntimo com o Ser mais amoroso.

Oração é a atitude de respeito e humildade diante do Infinito.

Oração, em certas circunstâncias, é o grito do afogado, o apelo do doente, o pedido de socorro, o brado do perdido, a esperança do injustiçado, o clamor do faminto.

Oração, em qualquer eventualidade, é diálogo entre a criatura e o Criador.

Não ore simplesmente por orar, que Deus não tem tempo para palavras vãs.

Se você não fica papagueando para as pessoas, por que agirá assim diante de Deus, como se Ele fosse menos inteligente?

Que sua prece nasça do coração, explicite os seus sentimentos e desejos, e signifique um contato amoroso, sincero, e íntimo com o

Pai celestial!

Está enfermo?

Faça a oração da cura. Peça a cura. Visualize a cura. Acredite que o Pai está ternamente inclinado diante de você, para ouvi-lo atentamente e atendê-lo.

Vou repetir-lhe o que disse Jesus: "E tu, quando orares, entra no teu secreto, fecha a porta e ora a teu Pai às ocultas; e teu Pai, que vê o que é oculto, te há de recompensar". (Mt 6, 5-14).

Quando lhe digo para criar uma frase, uma jaculatória, uma oração, e repetir e repetir, obviamente não é para convencer a Deus e nem porque ele tem dificuldade de entendê-lo, mas é apenas para você mesmo se convencer do que está dizendo e pedindo, bem como para facilitar sua introspecção interior. A oração repetitiva é como o mantra usado pelos orientais: abre a via da interiorização.

Se houver fé naquilo que está proferindo, ou seja, se você acredita decididamente na verdade da sua oração, basta dizê-la uma vez; mas, se não existir essa fé absoluta, repetir é um método capaz de convencê-lo a aceitar a oração como verdade.

Sempre que houver fusão mental entre o

seu pensamento e o conteúdo desse pensamento, existirá fé. E a fé sempre realiza a palavra. Você já descobriu que esta é a chave do segredo.

Relembre que o apóstolo Tiago escreveu numa carta aos hebreus: "E a oração da fé curará o enfermo". (Tg 5,14-18).

Pode repetir sua oração, porém sabendo que não é para forçar a Deus, mas para sedimentar a sua fé na realização da sua palavra.

A ORAÇÃO DE RESULTADO

Talvez você tenha desistido de orar, porque acha que ela cai no vazio, nada acontece.

Quando é que se alcança o resultado da oração?

Vou dar-lhe os passos. Siga-os e pode ter absoluta certeza de que a sua oração será aceita e atendida.

Veja aqui *a chave* da oração de resultado.

Primeiro passo da oração: entre em contato com Deus

Antes de tudo, acolha, no seu íntimo, o que você quer dizer a Deus. Então, sinta-se na presença do Infinito: imagine o Pai celestial como você espera que Ele seja. Apresente-se a Ele do seu jeito pessoal e estabeleça o diálogo.

Como nunca ninguém viu a Deus, a imaginação é a melhor maneira de situá-lo diante de si, ou no altar, ou no tabernáculo, ou no aconchego do seu coração, ou no centro do universo, ou no trono do Altíssimo. O nome que você dará ao Criador é aquele que tem a ver com sua índole e sua fé.

Quando você fala a Deus através de uma imagem, está seguindo a tese filosófica e teológica segundo a qual chega-se à Causa Primeira através das causas segundas. Assim, pela majestosa obra da criação você pode chegar ao Criador.

É evidente que quando você reza diante

de uma imagem, não está falando para aquela imagem, para aquele papel ou gesso, mas para a pessoa divina representada naquela matéria visível. Pelo visível você se transporta ao invisível. Se você teme que, dessa forma, estaria adorando o papel, o gesso, a madeira, o mármore, como os pagãos, perceba que está com a mente voltada para a matéria, quando deve concentrá-la na representação significada. Aliás, isto é muito natural: ao olhar uma fotografia é lógico que você está vendo a pessoa e não o papel.

O uso da imaginação é caminho espiritual legítimo, até porque toda palavra se manifesta em sua mente por imagem. Pense limão, por exemplo, e instantaneamente surge-lhe a imagem do limão. Palavra é imagem.

Segundo passo: estabeleça o diálogo com Deus

Você está diante de um Pai amoroso. Ele quis que você existisse, portanto você é obra do seu amor. Então, inicie a conversa de forma afetuosa, carinhosa, com suas próprias palavras. Embora Ele saiba tudo, conte o seu problema, peça a ajuda do Poder Infinito para a sua saúde, com a certeza de que será atendido. Por fim, agradeça, muito feliz. Sim, agradeça, desde já, a cura. Foi o que garantiu Jesus, quando disse:

"Crede firmemente que recebereis
tudo quanto pedirdes
na oração - e ser-vos-á dado".
(Mc 11,26).

Anote: a palavra "crendo" é a chave do segredo. Significa que há fusão entre a palavra e seu conteúdo. Entre a casca e o cerne.

Quando você efetua esse tipo de oração, não se distrairá, já que está extraindo do seu coração o conteúdo do seu diálogo.

A distração acontece mais frequentemente quando você *lê* alguma prece ou quando *repete* orações comuns. Mas, a prece íntima, que nasce da amorosidade, das necessidades, ansiedades e desejos da alma, essa não oferece espaço para outro tipo de pensamento aleatório.

Talvez você diga que não faz nenhum pedido a Deus porque Ele sabe o que você necessita. Não é assim que funciona. Jesus foi muito claro, quando ensinou a Lei do Pedi e Recebereis. Sem pedir, não há o receber. A palavra deve antecipar-se ao fato. Primeiro a palavra, depois a realidade.

- Mas, Ele sabe o que eu preciso! – insistirá você.

Sem dúvida. Porém, como deu a todo ser humano o dom da liberdade, não agirá senão como resposta.

Quer a cura?

Peça!

"E a oração da fé curará o enfermo".

Por que Jesus curou os leprosos, os cegos, os paralíticos e outros doentes?

Porque pediram.

Conheci pessoas que pediam apenas para suportar seus males e ofereciam seus sofrimentos pela salvação da humanidade. Nessa oração, não há pedido de cura, nem de alívio. Se deseja a cura, deve pedir a cura; se quer o alívio, peça o alívio.

O apóstolo João escreveu, numa de suas cartas:

"Ora, sabendo que atende aos nossos pedidos, sabemos que receberemos o que pedimos". (1Jo 5,14-15)

"Receberemos o que pedimos". Especifique o que deseja. Peça. Peça com fé. Acredite na resposta divina. Use a chave do segredo.

ANTES DE TUDO ORE PARA SI

Há pessoas que somente oram pelos outros. Lembram-se até mesmo dos desafortunados do Iraque, do Afeganistão, de algum país do fim do mundo. Esquecem de si. A caridade começa em casa – diz o velho ditado. Seu próximo mais próximo é você. Faça a oração das suas necessidades. Peça o que deseja de melhor na vida. Peça tudo que quiser e não tenha medo, que o depósito divino é infinito.

Terceiro passo: tenha fé

Apenas para reforçar o que foi dito acima: é preciso acreditar que toda oração verdadeira se realiza. Dizia Jesus que é mister

"crer firmemente na realização da sua palavra". (Mc 11,20-26).

Crer firmemente é a chave do segredo. Recorde porquê.

Se você faz a oração da cura, mas acha que não há como reverter a situação, o que vai valer é sua crença na incurabilidade.

Se o seu mal é um câncer e comunga com o pensamento médico de que seu caso não tem cura, essa é a sua verdade.

Se você percebe que está definhando a olhos vistos e seu retorno ao hospital se torna cada vez mais frequente, e então desanima, achando que não adianta mais nada – assim é e assim será.

Sobre qualquer situação, repita para si que a fé remove montanhas, cura enfermidades, faz milagres, tudo alcança e torna possível o impossível.

Espere contra toda desesperança.

Pense que você e Deus são maiores do que qualquer mal.

Aja mentalmente como uma pessoa curada.

E comece a reagir fisicamente como pessoa curada se fortalecendo, pois sua atitude significa um comando para que a mente acredite que assim é e assim será.

A fé é uma Lei. Deus age em você através de Leis e não arbitrariamente.

Dizer que fazer a oração da cura não é bom porque é pretender forçar Deus a fazer um milagre, é uma ideia sem consistência.

Se você está com sede, ao beber água não está obrigando Deus a matar a sua sede. Há uma lei natural, estipulada pelo Criador, através da qual a água dessedenta a pessoa.

Têm aqueles que sustentam que Deus concede a cura somente às pessoas que Ele houver por bem curar. Se fosse legítima essa tese, alguns seriam privilegiados, outros não. Diante de Deus, todos somos iguais, portanto não há privilégios. Por que haveria de atender Pedro e não Maria?

Toda oração feita corretamente, seja de quem for, de um ignorante ou de uma pessoa culta, de um preto ou de um branco, de um rei ou de um miserável, de um cristão ou de um judeu, é atendida.

Acredite que Deus sempre acolhe a sua oração.

Jesus informou:

"Tudo o que pedirdes
ao Pai,
em estado de oração,
crendo,
alcançareis".

O Rabi também revelou:

"Tudo que pedirdes,
em meu nome,
eu o farei".

O Mestre proclamou, ainda:

"Quando orardes,
crede que tendes alcançado,
e alcançareis".

Está tudo muito evidente. Muito evidente. Não há falha na oração que obedece à Lei divina, universal e humana.

Quando a oração não é atendida, foi você que falhou. Ou você não foi claro e preciso ou não teve convicção suficiente. O erro não está no tipo de pedido, mas na sua falta de fé. Se não há fé, você pegou outra chave.

RITUAIS DE CURA

Existem muitos rituais de cura. A finalidade é positiva, pois os rituais são sinais sensíveis e visíveis de uma realidade invisível. Os rituais agem, em muita gente, como estopim da fé.

Muitos fazem peregrinações a santuários, acreditando nos milagres que lá acontecem.

Outros encetam caminhadas de orações para obter a saúde.

Outros mais dão-se a atos de misericórdia para conquistar a bondade de Deus para si.

Também, veem-se pessoas que perfazem algum percurso de joelhos, para alcançarem o seu milagre.

Há os que queimam incenso e acendem velas, enquanto oram.

Enfim, tudo que é bom e faz bem – é válido. Toda ação positiva que acende a fé – também é válida.

Fica claro que o sacrifício e os rituais não têm a intenção de comover a Deus, mas de fortalecer a fé da própria pessoa. O milagre é fruto da fé.

Quarto passo: não desista

Há pessoas que pedem e, depois, voltam a repisar a situação negativa. Assim, vão e voltam, vão e voltam. Essas nunca alcançarão, porque nunca estão saindo do mesmo lugar. Não volte atrás.

Se você criou a saúde na sua mente, já está em estado de saúde; não pode retroceder.

O próprio Jesus havia falado sobre isso: "Quem lança a mão no arado e depois volta para trás, não é digno de mim". (Lc 9,62). Já assinalei esta passagem. Se você pede e depois retrocede, o Poder não se manifesta. E para que as pessoas se deem conta de que isto é muito importante, Ele disse, numa outra ocasião: "Vigiai e orai para não cairdes em tentação".

Vigiar e orar para não cair na tentação de voltar a repisar os males e sofrimentos.

Vigie. Cuide para não retornar ao estado mental negativo.

Quinto passo: agradeça

Último passo: quando você sabe o que quer, deseja realmente o que vai pedir, acredita que vai acontecer, cria na sua mente a imagem, não volta para trás - acontece. Infalivelmente. Então, só lhe resta uma coisa: agradecer. O agradecimento é atitude delicada, própria de pessoa bem-educada.

Agradecer, por sua vez, produz reforço na fé. Pelo fato de agradecer, sua mente conclui que tudo acontecerá de acordo.

Pedido e agradecimento são verso e reverso da mesma realidade.

Agradecer é qualidade de pessoas sábias e nobres, como você.

15

CURE A MIOPIA MENTAL

Um mal que aflige muita gente é a miopia mental.

Miopia mental é ter dificuldade de enxergar a realidade.

Miopia mental é não ver a essência, mas apenas a superfície.

Miopia mental é ter visão desfocada de si mesmo.

Sofrem de miopia mental aqueles indivíduos que se detestam, que se julgam incapazes, que não acreditam em si, que só veem seus desacertos e fracassos.

Os deprimidos sofrem de miopia avançada.

Os desesperados estão quase cegos.

Por que são portadores de miopia mental?

Porque não enxergam a verdade e nem a realidade. Definem a si mesmos pela roupa que vestem. Acham que são os acontecimentos. Não têm olhos para transcender os fatos.

Quando **estão** tristes, pensam que **são** tristes.

Se estão deprimidos, caem em desânimo como se esta fosse a única realidade existencial.

Se estão solitários, desabam sobre a própria solidão, imaginando-se no fundo do poço.

Muitos sofredores só conseguem enxergar seus sofrimentos, nada além.

Miopia mental é doença que necessita urgente de um pronto-socorro psicológico.

O míope mental vê tudo distorcido, condena o mundo, sente-se vítima, revolta-se contra a situação e vive amargamente.

Mas, só existe o problema porque existe a solução. Tudo tem cura.

A CURA DA MIOPIA MENTAL

A cura da miopia mental e da catarata espiritual consiste em retirar a auréola embaciada que impede de ver a dimensão grandiosa do ser humano.

A verdade humana não é a tristeza, a depressão, a solidão, o desânimo, o desamparo, o abandono, o fracasso. Isso nada mais é que interpretação e vivência de situações consideradas desagradáveis, perniciosas e causadoras de sofrimentos.

Acidentes de percurso não são a verdadeira realidade. Se alguém cai e quebra a perna, não é por isso que o ser humano será definido como criatura de perna quebrada.

Não enxergar além da perna quebrada é miopia mental.

Se perna quebrada fosse normalidade humana, todo o indivíduo nasceria de perna quebrada e viveria mancando como forma natural do seu corpo.

A cirurgia que cura a miopia mental e a catarata espiritual é feita através do bisturi da sabedoria. O conhecimento de que o ser humano é da dimensão do infinito, aconteça o que acontecer, desembaçará os olhos da mente.

Toda criatura humana é filha de Deus, portanto essencialmente boa, feliz e saudável.

Os acontecimentos são simples episódios que ajudam a melhorar sempre mais a performance existencial.

Assim sendo, reflita sobre sua realidade transcendental.

Use o poder da palavra para curar esse mal, que lhe causa tanto sofrimento.

Diga para si mesmo:

"Eu sou filho de Deus perfeito, criado à imagem e semelhança divina. Na minha verdadeira realidade eu sou perfeito. Encaro os episódios como simples episódios, que não afetam minha essência divina. Meu poder se manifesta pela palavra, por isso agora determino que se expresse em mim a alegria, a paz, a felicidade, o amor, a autoconfiança, e a saúde física, mental e espiritual. Agradeço ao Criador que assim me fez, de uma parcela

de si mesmo, e me deu seu poder e sabedoria. Assim é e assim será!"

COMO VOCÊ SE VÊ?

Agora, eu pergunto: Que imagem faz você de si mesmo? Gosta de si? Gosta de estar na sua própria companhia?

Se você se considera pessoa feia, esfarrapada interiormente, estraçalhada espiritualmente, imprestável, inferior - é porque seus olhos mentais estão bacentos. Pior, estão fechados.

Abra os olhos da alma.

Hoje em dia, fala-se muito do mal da solidão, que corrói as pessoas e tira a alegria de viver. Muitos pensam que a cura da solidão está em misturar-se com a multidão. Pensam que basta se meterem no meio das gentes e já não estarão mais solitários. Não é assim. Quando você convive com pessoas, não está mais sozinho, mas poderá continuar solitário. Você só ficará curado deste mal quando gostar de si, quando amar esta criatura maravilhosa, que é você. Se você gosta de si, estará sempre em ótima companhia, quer esteja no meio da multidão, ou caminhando sozinho num deserto, no pico de uma montanha, ou no seu quarto.

Descubra as maravilhas que existem em si e agradeça a Deus por você ser quem é.

É um insulto ao Criador você se detestar. Não pode! Você é obra-prima da criação, um ser admirável, criatura belíssima, inteiramente original e única.

"Amarás – dizia o grande Mestre – o teu próximo como a ti mesmo". Jesus quis dizer que, assim como você se ama a si mesmo, assim amará seu próximo. O amor começa e termina em você. De você se expande sobre o próximo.

Amor é luz. É sol. Ilumina e aquece. Embeleza. Dá valor.

Acenda o amor no seu coração e se deslumbre com as maravilhas que existem em si. Essa luz mostra sua verdadeira realidade.

***

Aqui você vai visualizar sua verdadeira imagem. Idealize a pessoa que deseja ser. Não faça como muitos que vivem na saudade da pessoa agradável e alegre que eram em outros tempos. Toda hora é hora de autorrealização.

Relaxe, feche os olhos, e crie a imagem da pessoa que deseja ser. Use o tempo que quiser para imaginar-se como almeja. Então, busque fundir em si mesmo essa imagem, de forma a se tornar uno com essa imagem. Assim é e assim será.

***

- Será mesmo? – talvez você pergunte.

Veja o que disse Salomão, o maior sábio da antiguidade:

"Assim como imaginou na sua alma, assim é".

Joseph Murphy, um dos mestres do poder da mente, escreveu:

"Você se transforma naquilo que imagina ser".

Imagine-se uma criatura maravilhosa, querida, benquista, comunicativa, agradável, sincera, bondosa, sorridente, autoconfiante, segura de si, corajosa, magnânima, inteligente, saudável, feliz, abençoada, de sucesso.

Como resultado dessa idealização, surgirá uma aura e a sua luz envolverá beneficamente as pessoas do seu círculo. E todos abençoarão a sua presença.

Realizar-se-á aquela mensagem que já ouviu algumas vezes: "Ilumine-se e iluminará o mundo".

Têm razão aquelas pessoas que dizem que a beleza é subjetiva, pois nasce do interior, iluminando o exterior.

Pessoa triste, deprimida, angustiada, nervosa, agitada, pessimista, não é bonita porque está refletindo exteriormente essa energia opaca, e isso faz com que não se veja bonita, já que o rosto é o espelho da alma.

Faça uma experiência. Amanhã, ao percorrer as ruas da cidade, olhe o rosto dos transeuntes. Verá que o semblante é a tradução clara do que vai no interior. Encontrará gente com a cabeça baixa, triste, apreensiva, marcada por algum desengano. Verá pessoas sorrindo sozinhas, de fronte erguida, vitoriosas. Dará com indivíduos de rosto contraído, expressando preocupação. Se você se olhar no espelho, também poderá traduzir seu estado mental e emocional.

O exterior revela o interior e o interior se manifesta no exterior.

ACREDITE NA SUA BELEZA

Pois bem, você quer ter boa presença. Faz de tudo para ser elegante, bonito, atraente, simpático, sedutor. Faz academia, malha bastante, caminha, nada, faz musculação, mantém dieta saudável e bebe com moderação. Tudo bem. Ainda não se sente pessoa bonita porque beleza é irradiação interna. A beleza se expressa quando a luz mental e espiritual ilumina o corpo. Essa energia é turbinada pelo pensamento, pela imaginação, pela mentalização, pela oração. E essa energia fará o sangue fluir com vitalidade, o sistema imunológico se fortalecerá, os órgãos funcionarão perfeitamente, e você se sentirá uma pessoa rejuvenescida.

Agora você *é* o que imagina ser.

Ocorreu a cura e a transformação, pela palavra.

16

CURE SEUS HÁBITOS NOCIVOS

É bem possível que a sua vida esteja sendo atormentada por hábitos nocivos e desagradáveis, dos quais não consegue se libertar.

Muitas pessoas lutam, dão socos contra seus vícios, mas se sentem diante de uma montanha intransponível.

Querem sair, mas a porta está fechada.

Onde está a chave?

A SOLUÇÃO

A tendência natural do ser humano é

crescer, evoluir, ser perfeito e feliz.

Perfeição é estado de saúde mental, emocional, espiritual e física. Por outras palavras, é estado de felicidade.

Isso é possível, é viável, está ao seu alcance.

Acha difícil?

Vejamos: o que é que não vai bem na sua vida?

Você está aqui em busca de alguma coisa. Espera encontrar algo, resolver alguma dificuldade. Você tem fé que encontrará a solução do seu problema e encontrará mesmo. Tudo o que você deseja existe, é seu e está esperando por você. Se teve o poder de desejar é porque esse desejo já foi suscitado por um Ser Superior, criador das potencialidades da criatura humana. Então, repito: tudo que você deseja é seu e está esperando por você.

O caminho, através do qual você atrairá o que deseja, tem diversas vertentes: a oração, a mentalização, o pedido, a meditação, a imaginação. São formas pelas quais flui a palavra criadora.

Lembre o que Jesus ensinou: "Pedi e recebereis!"

A lei de que o seu desejo se concretiza é a

Lei todo-poderosa da Fé.

Você já está seguro desta verdade. Mas, a repetição ajuda a fortalecê-la.

Quer alcançar maravilhas? Crie pensamentos maravilhosos.

Lembre que pensamento é substância que contém a forma, sob a qual se manifesta. A semente de eucalipto contém o eucalipto. A substância é a chave. Semente vazia, oca, nada produz.

O pensamento que expressa o próprio significado, faz a forma. A essência do pensamento, da palavra, se reveste da forma física. Isto significa que o pensamento, a palavra, a oração, a mentalização, a imaginação, são a substância modeladora da matéria.

Como sabe a mente que tipo de materialização fará?

Explico: toda palavra ou pensamento se expressa na mente como imagem. Já mencionei. Se, por exemplo, eu digo a palavra casa, a imaginação, de imediato, concomitantemente, projeta a imagem da casa. Se falo em prato, esta palavra se manifesta através de uma imagem, a imagem que você tem de um prato. Conclusão: todo pensamento, em última análise, é imagem, que tende a revestir-se do envoltório material. Quanto mais você aprofunda o pensamento sobre algo, mais dessa energia se concentrará e mais perto estará da materialização.

Reflita agora sobre o cuidado que deve ter em relação às inúmeras palavras que profere durante o dia. Quanto mais entranhada mentalmente estiver a palavra, mais fortemente e mais rapidamente se efetivará na sua vida. É por isso que suas crenças traçam sua vida.

Suas palavras repetidas fazem seus hábitos. Seus hábitos fazem sua realidade.

Se repetir, por exemplo, que seu casamento vai mal, a ideia se fortalecerá cada vez mais, a ponto de desencadear essa realidade.

Quando você critica acerbamente seu pai, as palavras ganham vida no seu subconsciente e a animosidade será cada vez maior. Se você passa a olhar e reconhecer certas qualidades do pai e tratá-lo por essa via, verá, com surpresa, como ele modificará a atitude em relação a você. Assim será com o marido ou a esposa.

Lembre as queixas que tem de seu filho. Pois, essas queixas avolumam-se em torno da substância mental e você acaba vendo apenas essa realidade. Comece a tratar bem seu filho, encontre pontos que mereçam elogios e fale para ele. Cria-se, assim, estado de empatia muito benfazejo.

Quanto mais você repetir uma situação, mais ela se gravará no subconsciente e mais rapidamente se materializará.

Ao invés de comentar a toda hora sobre sua enfermidade, mentalize firmemente sua saúde.

***

Será que existe um meio de superar hábitos danosos e compulsivos?

São os maus hábitos que levam você a fazer o que não quer.

Há hábitos malignos tentadores, que douram a pílula para que se sinta impelido a fazer e, depois de feito, afligem-no pelos resultados negativos que lhe tiram a alegria de viver.

Afinal, dá para sair deste círculo vicioso?

É possível romper a porta deste inferno?

Quem não gostaria, por exemplo, de deixar o vício da bebida, este hábito infeliz, que vai destruindo a pessoa e, por fim, mata as melhores coisas da vida?

Quando você fuma e vê, pelas revistas, jornais e televisão, que o fumo impregna seus pulmões, envenena o sangue e lhe traz uma série de transtornos, exclama que vai deixar esse vício! Mas continua fumando.

Que a solução não seja como a piada do indivíduo que foi comprar uma carteira de cigarro e leu o aviso: "O Ministério da Saúde adverte: o cigarro produz impotência sexual". O moço devolveu a carteira e pediu: "Me dê aquela que produz câncer".

***

Quando você não consegue parar de fumar...

Quando quer emagrecer, mas acaba engordando cada vez mais, para seu desespero...

Quando se afundou nas drogas, arruinou a vida, e sabe que está descendo ladeira abaixo...

Quando não para de roer as unhas, de repetir sempre a mesma coisa, de ser eternamente irritadiço, de gazear as aulas...

Quando tem o costume de gastar sem controle...

Quando você é sempre do contra...

Quando tem a mania de deixar tudo para depois...

Quando sente compulsão para jogos de azar...

Será que existe solução?

O HÁBITO É UMA PROVA DO PODER DA MENTE

Claro que tem solução. Tudo tem solução. Muitos desanimam porque acham que entraram num túnel sem saída. Se pôde entrar, pode sair. E a solução é fácil e sem sofrimento, se você usar o poder da mente.

- Poder da mente?! – exclamará você, incrédulo.

Pois, saiba que o seu hábito nocivo é uma prova clara do poder da mente.

Você não nasceu com esse hábito. Desde o momento em que começou a arraigá-lo em si, o seu subconsciente passou a reagir de acordo, tornando-o realidade na sua vida. Se é realidade, faz parte do seu viver.

Como você sabe, tudo o que o subconsciente aceita como verdadeiro, seja bom ou ruim, ele executa.

- Por que uma pessoa é atraída pela bebida alcoólica?

- Porque pensa repetidamente na bebida e no desejo de beber. Quando enxerga uma garrafa, pensa na bebida; quando vê um copo, pensa na bebida; quando entra num bar, pensa na bebida; quando se encontra com um companheiro de cachaça, pensa na bebida; quando bate os olhos em propaganda de bebida, pensa na bebida; e, se não enxerga nada, continua pensando na bebida e desejando a bebida, de tal forma que se torna uma compulsão. Quanto mais bebe, mais quer beber. É um exemplo.

Eis aí como funciona a mente: o pensamento, a palavra, a mentalização, a imaginação, a repetição, sensibilizam o subconsciente, que reage de acordo.

O hábito é um pensamento fixado.

Nós somos o que pensamos e fazemos repetidamente.

O cientista Albert Einstein avisava que "não há maior sinal de loucura do que fazer a mesma coisa repetidamente e esperar a cada vez um resultado diferente".

Lembre-se daquele velho jargão muito sábio: "Se você continua fazendo o que sempre fez, vai continuar acontecendo o que sempre aconteceu".

Fica evidente que, mudando o pensamento, mudará o resultado.

Mudando a causa, mudará o efeito.

Mudando a ação mental, mudará a reação do subconsciente.

A mesma força que impulsionou o pensamento da bebida para a bebida, agora poderá impulsionar o pensamento de não-beber para não beber.

O QUE FAZER

Diga, repita, insista, imagine, mentalize, muitas vezes por dia, mesmo sem acreditar:

"Meu maior atrativo agora é beber água. Gosto de beber água, porque é fonte de saúde, bem-estar e energia. Tenho nojo de bebida alcoólica. Estou feliz por-

que deixei o alcoolismo. Sinto atração especial pela água cristalina e por sucos naturais. Minha família, parentes e amigos, estão muito contentes com minha atitude. Sou bem-recebido em todos os ambientes. Agora sou outra pessoa, dono de mim, em paz e alegre. Estou iluminado de amor e progredindo sempre mais e mais. Recuperei minha autoestima. Descobri agora o que é viver bem, em altoastral, autoconfiante e saudável. Deus está me abençoando. Assim é e assim será. Muito obrigado!"

Por este método simples, repetitivo, sensibilizará o seu subconsciente. Ora, como tudo o que o seu subconsciente aceita, ele cumpre, é assim que você cura esse vício. Claro, sem sofrimento e sem sacrifício, porque não é pela força de vontade que deixará qualquer hábito nocivo, mas pela ação todo-poderosa da sua mente.

Mande a mensagem com fé e força para o seu subconsciente e imagine o resultado final.

Visualize, por exemplo, sua esposa, seus filhos, ou seus amigos, vindo cumprimentar você, felizes da vida. Isso ajuda muito.

Ao deixar o vício de beber, ou de fumar, ou da cocaína, do crack, etc, você não está renunciando pesarosamente a um prazer, mas simplesmente está trocando de prazer. Encare assim. Nada de pensamentos sofridos, sacrificados, como quem está derrubando uma montanha, ou enfrentando uma batalha terrível. Não, nada disso. Você está feliz porque está optando pelo melhor, pelo mais agradável, pelo mais saudável. Está muito satisfeito porque está alcançando o melhor da sua vida. Está entusiasmado, porque agora faz o que deseja e não é empurrado à força para aquilo que não quer e que lhe faz mal.

Libertar-se de um vício, longe de ser algo traumatizante, é como conquistar o Pico do Everest, ser campeão de futebol, alcançar um grande sucesso, e isso inunda-o de endorfina, o hormônio do prazer e da felicidade.

Para ajudar as pessoas a deixarem de beber ou de fumar, ou emagrecer, criei mentalizações em CDs. Funciona mesmo.

Quanto mais profundo for o estado mental em que você declara esta ordem ao seu subconsciente, mais rapidamente dar-se-á a libertação.

O melhor caminho para você fazer chegar a sua mensagem ao subconsciente, neste caso, é entrando em nível alfa, ou em estado de oração, como falava Jesus.

Se tem algum familiar caído em hábito nocivo, você pode ajudar, mentalizando o seu familiar. Sua palavra atinge o subconsciente do familiar, impulsionando-o a reagir de acordo. É mais uma luz energética que você está projetando nele. Conheço casos em que a mentalização de alguém contribuiu para que o familiar se libertasse de algum hábito pernicioso.

Um dia, recebi uma cartinha de uma senhora. Escreveu ela que, durante um curso meu sobre o poder da mente, mentalizara o seu filho casado, que bebia demais. Visualizava-o vindo feliz ao encontro dos filhos, sóbrio, com um ótimo emprego, carro novo e morando numa casa que ele tanto queria. Aconteceu exatamente conforme ela tinha mentalizado: deixou de beber; os filhos estavam felizes; conseguiu ótimo emprego; comprou carro novo e já está morando na casa dos sonhos. "E, ainda – completou ela – por acréscimo ganhei mais um neto, pois a minha nora teve mais um filho".

Nas Jornadas sobre o poder da mente, que tenho realizado por cidades, capitais, países, ensino os participantes a se ajudarem e a ajudarem os outros por meio da palavra e da mentalização.

Recebi, certa vez, o seguinte depoimento de uma moça: "Tenho um irmão que se deixou levar pelo vício da bebida. Há mais ou menos uns cinco anos vinha tentando ajudálo, para que deixasse o alcoolismo. Ele se considerava um alcoólatra. Disse que procurasse os AA, mas ele respondeu que seu caso não tinha mais jeito, pois ninguém mais queria nada com ele. Quando fiz o seu curso, em setembro, mentalizei o problema dele, conforme o senhor ensinara. Fiz o mesmo em novembro. Em dezembro, o meu sobrinho veio dizer-me que ele já deixara a bebida e estava frequentando os AA".

Recebi, ainda, o seguinte depoimento, de uma cidade de Minas Gerais: "Meu marido bebia muito, e eu sofria demais com isso, mas, como o senhor diz que tudo que se pede com fé a gente alcança, consegui a graça de meu marido deixar de beber. Gostaria que o senhor participasse dessa alegria. Estive a um passo da separação, mas agora está tudo bem."

Conheci uma senhora que tinha o desagradável hábito de roer as unhas. Participou de diversas Noites da Cura e mentalizou a libertação total desse hábito. Certo dia, veio contar-me, feliz da vida, que havia se livrado dessa situação indesejável.

Lembre-se sempre que o hábito não nasceu com você, por isso não há necessidade de ficar em você. Assim como você criou esse hábito, pode eliminá-lo, substituindo por outro hábito benéfico e saudável.

É FÁCIL LIBERTAR-SE DE QUALQUER HÁBITO

Nunca diga que alguma coisa é difícil, ou impossível, porque o seu subconsciente obedecerá a esta ordem, cumprindo para que assim seja. Você, então, gastará muita energia para superar o problema.

Imagine que é fácil libertar-se de algum

hábito, seja da bebida ou do que for. Basta mudar a programação mental.

A cura de qualquer dificuldade começa na mente. Seu hábito positivo inicia também pela mente.

Quando você modifica a mente, modifica o hábito.

Veja como é fácil.

- Mas, eu já lutei tanto! – exclamará você.

Pois, agora não precisa mais lutar. Você vai entregar a solução a um Poder Infinito, irresistível, infalível.

Você tudo pode. Pode, portanto, libertar-se de qualquer hábito prejudicial.

COMO AGIR

Em primeiro lugar, desperte motivação e entusiasmo nessa empreitada.

Não é complicado motivar-se para se ver livre de um hábito doentio: imagine a sua alegria de ser dono de si e de suas atitudes; a satisfação de não ser dependente; o sentimento prazeroso de ser uma pessoa maravilhosa, capaz de vencer seus próprios obstáculos; sinta a admiração e o respeito que lhe terão as pessoas, vendo-o superar a dificuldade e ser vitorioso.

***

Forme um quadro mental, visualizando-se feliz, orgulhoso de si, vencedor, liberto, admirado por todos. Imagine a alegria dos seus familiares, dos seus melhores amigos, do pessoal onde você trabalha.

Mantenha com firmeza essa imagem na sua mente. A imaginação é uma força todo-poderosa. Nada resiste ao poder da imaginação. Segundo os mestres do poder da mente, toda a imagem forte, firmada na mente, concretiza-se. É o poder de cura pela imagem.

Por fim, mentalize insistentemente essa oração:

"Graças a Deus estou livre.
Agora só existe e subsiste em mim
a justa e reta ordem divina.
O Poder Infinito já se
manifestou em mim
e eu estou livre, livre, livre.
Estou feliz e tranquilo.

Só aprecio agora esta vida
sadia e livre.
Muito obrigado, obrigado, obrigado,
muito obrigado.
Assim é agora e sempre, pelo poder
irresistível de Deus em mim. Amém".

17

O PERDÃO QUE CURA

Perdão é uma palavra nem sempre bem recebida. Para alguns, soa como aceitar o mal, os danos e prejuízos que alguém infligiu. Outros sentem repulsa por essa palavra porque lhes parece piedosismo fora da realidade da vida. Há aqueles que se recusam terminantemente a perdoar um desafeto porque seria sinal de fraqueza.

- Não perdoo – resmungou uma senhora - porque não me deixo pisotear por ninguém.

- Não perdoo – disse-me um senhor, certa vez – porque não sou covarde e não me rendo ao mal que me causaram.

Antes de tudo, precisamos saber do que estamos tratando. Para tanto, é mister definir claramente o que significa perdoar.

Perdoar significa
mandar embora o mal encruado
na mente,
demitir o mal
que tumultua a mente,
jogar fora o estado mental negativo.

Perdoar, como você percebeu, tem a ver com a mente.

O prejuízo que lhe causaram pode ser mental ou material, mas o perdão é sempre atitude mental e espiritual.

Por que se deve perdoar?

Porque, se não perdoar, adoecerá indubitavelmente. Daqui se infere que o perdão é não tanto um benefício que faz ao outro, mas principalmente a si mesmo.

Diante de cada prejuízo moral ou material que lhe causaram, você tem duas escolhas: perdoar ou adoecer.

O que acontece quando você não perdoa? A mente reage contrariada e expressa mágoa ou raiva ou ódio; estes estados alterados provocam estresse; o estresse abala o coração, enfraquece o sistema imunológico, a pressão se altera, a insônia ameaça o equilíbrio orgânico, a insatisfação impede a realização de bons negócios e o mau humor perturba as relações com as pessoas.

Perdoando, volta a paz de espírito e a saúde agradece. Mais do que beneficiar ao outro, o perdão beneficia a própria pessoa.

Na verdade, o perdão é uma extraordinária terapia.

Quando Jesus fez a apologia do perdão, há dois mil anos, portanto muito antes das descobertas da psicologia, pouca gente aceitou essa mensagem.

Certa vez, o discípulo Pedro perguntou ao Nazareno:

- Mestre, até quantas vezes a gente tem que perdoar? Até sete vezes?

- Não só sete vezes – respondeu o Rabi – mas setenta vezes sete.

Sete é número que significa o todo. Perdoar não é questão de quantidade. É a verdade da vida. É a Lei da vida. É o caminho. Não perdoar é descaminho. Ora, o descaminho nunca leva ao destino certo.

Não é suficiente você deixar de tomar veneno dez vezes. Basta ingeri-lo uma vez e estará terrivelmente prejudicado.

William Shakespeare dizia que carregar mágoa é como tomar veneno esperando que a outra pessoa vá morrer. Eu digo o mesmo a respeito do perdão. Quando a pessoa não perdoa, está se deteriorando a si mesma, enquanto que a outra segue impávida o seu caminho.

Perdoar é sentir-se bem; não perdoar é sentir-se mal. Faça a sua opção.

Quanta gente, na hora do adeus a esta vida, não gostaria de dizer uma palavra de perdão a alguém!

Você está bem, o portal da existência continua aberto, a estrada está livre, não espere o último momento para libertar-se de sentimentos que aprisionam você e lhe roubam a saúde. A vantagem está em sentir-se liberto e em paz aqui e agora.

É o que faz o perdão.

EXISTE QUEM PREJUDICOU VOCÊ?

A vida é movimento contínuo. Nada nem ninguém é o que era e nem está no mesmo lugar.

Os pensamentos e sentimentos vão se sucedendo ininterruptamente.

As posições vão mudando. Num jogo de futebol, quando você diz que o atleta está lá, já não está mais.

Quando você descreve uma pessoa, ela já não é mais o conteúdo da descrição. Mudou de posição, de atitude, de pensamento, de sentimento. As ações de hoje já não coincidem com as reações de ontem. Num instante, uma pessoa viva já não é mais. Num segundo, alguém pode mudar literalmente sua concepção do mundo. Uma coisa é um indivíduo antes de um desastre, outra coisa após o acidente.

Faço essas considerações para desestabilizar seu conceito a respeito do indivíduo que o feriu. Esse alguém, com certeza já é outro alguém, mas você permanece travado na imagem que faz dele. Pense que você pode estar agora totalmente fora de foco em relação à pessoa que você detesta.

Ouça o grande Mestre Jesus: Perdoe.

Perdoar, repetindo, quer dizer: limpe a mente, tire o mal da sua cabeça. Se o mal não existir na sua mente, não existirá mais.

A grande solução, portanto, é esta: limpar a mente. E limpar a mente significa perdoar.

Não é preciso condicionar o perdão ao processo da confissão dos pecados, no confessionário. Quando o mal desaparece da sua mente, ele não exercerá mais qualquer ação sobre você, porque o mal que não existe na mente, simplesmente não existe.

Claro que eu não estou falando contra a confissão, que também é terapia do perdão, baseada na dimensão espiritual.

PERDOAR-SE É CURAR-SE

Até aqui falei em perdoar. Mas, antes e acima de tudo, é essencial você perdoar-se.

Se Deus sempre perdoa
e você não se perdoa,
significa que quer ser mais do que Deus.
Não admitir seus erros,
é julgar-se infalível.
Não se perdoar é rematada soberba.
É pretender estar acima do bem e do mal.

É também falta de sabedoria.
Não se perdoar é carregar ansiedades,
perturbações, mal-estares.

Não carregue pesos que só prejudicam sua saúde e deterioram sua vida. Seja inteligente. Perdoe-se. Liberte-se de todas as conturbações. Jesus ensinou que devemos ser como as crianças, que esquecem em seguida o choro e a causa do choro, voltando a sorrir e brincar com a alma lavada e feliz.

***

Arrepender-se significa simplesmente mudança de atitude. Sem remorso, sem complexo de culpa, sem intransigência mental e espiritual.

***

Fazer penitência para pagar pecados é falta de sabedoria. A penitência pode até reforçar o mal que aflige o indivíduo. Fazer penitência é permanecer envolto no mal praticado. Enquanto a pessoa se mantiver ancorada no seu erro, para o subconsciente e para o cérebro é como estar cometendo o mesmo mal, pois cérebro e subconsciente não distinguem entre o mal cometido e a imagem desse mal que ainda subsiste na mente. O que deve ser feito é esquecer o passado e começar nova vida, feliz, saudável, liberta e positiva. Isto significa perdoar.

Não se lamente,
não se deprima,
não dê vida ao passado,
não perca tempo e energias
com queixas e arrependimentos,
mas focalize a solução
e dê início a uma vida melhor
e mais saudável.

Por piores que tenham sido os seus erros, eles não existem mais, uma vez que o passado não existe. Levante a cabeça e olhe para frente.

Sua vida é hoje, aqui e agora.

Lembra-se do bandido que foi crucificado ao lado de Jesus? No momento em que ele elevou a sua mente, num gesto de amor, de compaixão e de fé, seus males já não existiam mais, porque, daquele momento em diante, aí estava uma nova criatura. Por isso, Jesus olhou para ele com bondade e disse-lhe: "Em verdade, te digo que ainda hoje estarás comigo no paraíso".

Veja como é simples curar-se de todos os males. Basta mudar de atitude.

A PAZ É O REMÉDIO

Mente em paz é mente límpida.

O termômetro que marca
o grau da sua libertação é a paz.
Quando entrar em estado de paz,
pode ter certeza de que você
está curado dos males
da mente e do corpo.

Se você tiver dificuldade de perdoar e vê o seu desafeto com raiva e vontade de moer-lhe os ossos, vou dar-lhe uma boa sugestão: contate o Deus que habita o íntimo dessa pessoa.

Se esse indivíduo continua lhe prejudicando, tenha pena do infeliz e exercite seu espírito de compaixão e misericórdia. Será recompensado pelo Infinito, que nunca deixa uma boa ação sem a devida paga. Mas, entenda definitivamente que não perdoar é adoecer. Perdoar é sentir-se bem.

Um detalhe: perdoar não significa que você deva aceitar o mal e o prejuízo.

Recorde:

Perdoar significa
mandar embora o mal encruado
na mente,
demitir o mal
que tumultua a mente,
jogar fora o estado mental negativo.

Seja qual a for a atitude jurídica de ressarcimento que tomar, a mente e o coração devem estar em paz e o amor ao próximo é incondicional.

Amar só os que lhe fazem o bem, que mérito especial isso tem? – indagou, certa vez, o Rabi da Galileia.

Se você encara o outro como inimigo e se o outro tem você como inimigo, a dificuldade de perdoar pode ser grande. Mas, tem solução: você não vai perdoar o inimigo, mas o ser humano que existe dentro daquele inimigo. Como seres humanos, filhos de Deus, todos somos irmãos. Ajustar-se nessa dimensão é fundamental. Ao cumprimentar, sorrir, conversar, abraçar, você está fazendo esse gesto amistoso ao seu irmão que habita aquela casca inimiga.

Desejo para você aquilo que Jesus desejava para todas as pessoas: "Que a paz esteja contigo!".

MENTALIZE O PERDÃO

Coloque-se numa posição bem confortável. Relaxe. Feche os olhos. Respire várias vezes, com calma, imaginando que está limpando o corpo e a mente, com o ar que joga fora, e trazendo energias positivas cósmicas e infinitas, com o ar que traz para dentro. Vinte vezes, se possível.

Peça perdão a si mesmo e ao seu corpo, pelas aflições impostas. Peça perdão aos outros, ao universo e a Deus. Chame à sua mente a pessoa ou pessoas que dese-

ja perdoar ou pedir perdão. Reconcilie-se.

Pronto. Não se fala mais em perdão.

Imagine-se leve, a mente cristalina como uma fonte de água pura. Mente límpida. Estado de paz.

Visualize o corpo harmonizado, equilibrado, cheio de energia.

Faça esta mentalização para o seu corpo:

"Agora só há o amor de Deus no meu corpo. Agora só há harmonia e paz no meu corpo. Abençoo o meu corpo e derramo sobre cada órgão, glândula, nervo, músculo, sangue, osso, célula, a Luz Divina regeneradora, recriadora e revitalizante. Esta é a Luz da vida infinita.

Envolvo, neste momento, as partes doídas e mais sofridas do meu corpo com a Luz azul divina do alívio, da paz e do *amor".*

Veja-se em perfeita saúde física, mental, emocional e espiritual. Agradeça.

18

CURE AS PREOCUPAÇÕES

Quase todo mundo está cheio de preocupações. Se você parar um pouco agora e começar a contar as suas preocupações, verá que não são poucas.

Há certas pessoas que se preocupam exageradamente com a possibilidade da doença. Dizem: "Eu acho que estou ficando doente; não me sinto bem. Essas palpitações no coração, será que não são prenúncio de enfarte?"

Consultam o médico, que examina minuciosamente e não encontra nada de anormal. Nem pode mesmo, porque foi a preocupação que acelerou os batimentos do coração, produzindo taquicardia.

Quando surge uma pequena inflamação, já imaginam um câncer.

Émile Coué, (1857-1926), era membro da tradicional nobreza britânica e foi notável e instigante psicólogo e farmacêutico francês, que introduziu métodos de psicoterapia, cura e autotratamento, baseados em autossugestão e auto-hipnose. (Vikipédia). Escreveu ele: "Recear a doença é provocá-la".

É claro que isso não acontece de um dia para outro. Mas, a sugestão é uma força muito poderosa que atua sobre o subconsciente e este age de acordo.

Outras pessoas se preocupam muito com a situação econômica e financeira. Ficam tensos e não dormem, a não ser com soníferos.

O dia se torna um inferno, porque estão sempre correndo atrás da máquina, sempre devendo, sempre apertados, sobrecarregados, nervosos, aperreados. Nunca conseguem chegar a tempo de dizer: "Bom, agora está tudo em dia, vou tirar uma folga". Nunca dá tempo, estão envolvidos com o aluguel, conta bancária, emprego, patrão, empregado, sócio; assustam-se com a recessão, a inflação, a falta de dinheiro, a conta de luz, água, telefone, impostos. São pessoas extremamente estressadas.

Como pode estar vivendo bem uma pessoa que amanhece preocupada, toma café preocupada, passa o dia preocupada, vai deitar preocupada, não dorme por causa da preocupação, levanta de manhã carregando novamente as preocupações e segue nesse doloroso círculo vicioso?

Bertrand Russell, político inglês, filósofo, matemático, (1872-1970), disse: "A preocupação é uma forma de medo, e todas as formas de medo produzem fadiga. O homem que aprendeu a não ter medo, percebe como a fadiga da vida cotidiana diminui enormemente".

Aquela piada:

- Ofereço um milhão para quem tomar conta das minhas preocupações.

- Eu topo – respondeu o outro. - Onde está a grana?

- Bom, meu amigo, essa é a minha primeira preocupação.

***

Preocupação é medo do futuro, medo de não vencer os obstáculos, medo de perder, medo de errar, medo de não alcançar o objetivo, medo do que os outros vão dizer, medo do fracasso.

***

Preocupação é causa de várias enfermidades.

Gera problemas mentais, como irritação, medo, desconfiança, baixo astral, inquietação, ansiedade, perturbação emocional.

A preocupação, consequentemente, prejudica o organismo, sendo fator de tensões, que produzem hipertensões, estresse, problemas cardíacos, estomacais, intestinais, enfraquecimento do sistema de defesa.

Já que a preocupação prejudica a pessoa e rouba-lhe a alegria de viver, é urgente buscar a libertação desse mal.

Sei que você poderá dizer que a preocupação é uma realidade da vida, uma vez que as contas estão aí, os problemas acontecem, o dinheiro não cai do céu e nem sempre as outras pessoas agem como você gostaria que agissem. Pois bem, fica essa pergunta:

- E a preocupação paga contas, remove problemas e obstáculos, traz prazer à vida?

Não, a preocupação só prejudica a saúde, atrapalha os negócios, mata a serenidade e a paz, afasta as pessoas.

Então, vamos dissolver a preocupação?

A PSICOLOGIA DO MESTRE

Jesus trouxe este ensinamento, tão atual há dois mil anos quanto hoje:

"Não vos preocupeis com o dia de amanhã. O dia de amanhã cuidará de si mesmo; basta a cada dia a sua lida". (Mt 6,25-34)

Disse, ainda, o Mestre:

"Considerai as aves do céu; não
semeiam, nem ceifam,
nem guardam em celeiros - vosso
Pai celeste é que lhes dá de comer.
Não sois vós, acaso,
mais do que elas?

Olhai os lírios do campo,
como crescem; não trabalham,
nem fiam,
e, no entanto, vos digo que nem
Salomão, em toda a sua pompa,
jamais se vestiu como um deles.
Se, pois, Deus veste assim a
erva do campo, que hoje existe
e amanhã é lançada ao forno,
quanto mais a vós, homens de
pouca fé!" (Mt 6,25-34).

Aí está a palavra da mais alta psicologia e sabedoria. O verdadeiro cristão encontra nessa mensagem do Mestre o remédio contra a preocupação. O Rabi informa que há um Poder Amoroso Infinito que cuida de tudo.

Quem conhece a ciência do poder da mente também não se preocupa, porque sabe que toda a paz, a calma, a riqueza, a solução, criadas na mente, se expressarão na realidade da vida.

***

É o que proclama a Lei de que *"o semelhante atrai o semelhante"*, bem como a Lei de que *"cada qual colhe o que semeia"*. Hoje se fala bastante na *Lei da Atração.*

E poderia citar também a *Lei da Fé,* que tudo alcança.

Esses são os mais fortes e poderosos remédios para a cura da preocupação.

***

Mas, se quisermos ficar apenas no campo da psicologia e da medicina, indiscutivelmente estas ciências afirmam que a preocupação, seja pela razão que for, é um atentado contra a saúde. Não só a saúde física se deteriora como também a saúde mental, pois a pessoa preocupada não raciocina bem, perturba a memória e torna a vida insatisfatória.

O homem inteligente não se preocupa.

OCUPE-SE

Não se preocupe, ocupe-se.

Ocupar-se é o caminho.

Preocupar-se é doença.

Ocupar-se é viver a vida, realizando-se em todas as dimensões, sem afobação, sem ansiedade, sem medo, com sabedoria.

Preocupar-se é sofrer antes do tempo, é gastar energias sobre o que não aconteceu e deixar de viver o que está acontecendo.

Ocupar-se é cuidar do momento presente e vivenciá-lo como uma dádiva de Deus.

Quem se preocupa, sofre por nada, porque não existe o fato da preocupação.

Quem se ocupa, vai dando serena e inteligentemente os passos necessários, um a um, para a consecução dos objetivos.

O preocupado trilha a via do estresse e do desânimo.

O ocupado vai pela via do trabalho alegre, agradável e divertido.

O preocupado desperdiça energias.

O ocupado usa as energias necessárias no momento em que são aproveitáveis.

O preocupado tem a mente tumultuada e não consegue alinhar os compromissos por prioridades, confundindo alhos com bugalhos.

O ocupado organiza a programação dos

seus interesses, estabelece as prioridades e alterna atividade com descanso, esforço com pausa, compromisso com diversão, tensão com distensão.

APONTE SUAS PREOCUPAÇÕES

Pare um pouco agora e veja quais são as preocupações que estão golpeando sua cabeça. Pegue uma folha de papel e anote uma por uma. Com clareza. Especificadamente. Sim, especifique, porque é próprio do preocupado embaralhar tudo e não conseguir organizar-se.

Assinale o que deve resolver a curto, médio e longo prazo.

Peça o auxílio da Sabedoria Infinita e do Poder Infinito.

E comece a realizar, aqui e agora, o que pertence ao dia de hoje. Deixe o amanhã para amanhã.

MENTALIZE

Escolha um momento propício, um lugar confortável, relaxe o corpo, a mente e o coração. Respire profundamente várias vezes, até conseguir uma respiração tranquila.

Mentalize:

"Estou em paz e muito feliz. Sei que fui criado por Deus para continuar a obra da criação do mundo, por isso vejo meus projetos, meu trabalho e minhas realizações como incumbência divina, com a bênção de Deus.

Se o Criador me deu o dom de pensar, desejar e criar, deu-me também, com certeza, o dom de realizar, caso contrário, a vida seria um projeto inacabado.

Deus é amor e bondade, por isso me apoiará sempre, iluminando meus caminhos.

Pela Lei do Pedi e Recebereis, ensinada por Jesus, acredito firmemente que o que eu quero, Deus quer, e o que eu desejo sinceramente, Deus realiza por meu intermédio.

Ocupo-me tranquilamente em realizar minha missão e não me preocupo jamais. Desperto feliz, pela manhã, e acredito que o dia será muito frutuoso, com a bênção e proteção divinas, e celebro cada instante como um milagre de alegria e felicidade. Assim é e assim será".

Respire profundamente três vezes e abra os olhos, agradecendo o dom da vida.

19

ALEGRIA CURADORA

Sem sol, o mundo não subsiste.

Sem alegria, você não subsiste.

Alegria é vitamina da saúde.

Cada vez que você profere a palavra alegria, estará ingerindo a pílula do bem-estar.

Muitos pregadores criaram nos cristãos a mentalidade de que Jesus era pessoa severa, contida, com ressaibos de tristeza aflorando no rosto. Daí para ensinar que Jesus era um sofredor à procura de sofredores foi um passo.

Equívoco grosseiro.

Severidade, tristeza, rigidez mental, não

são qualidades de quem veio pregar o amor, a felicidade, a paz e a alegria.

O MESTRE FALOU DE ALEGRIA

Certa vez, esclareceu o Rabi:

"Disse-vos isto para que minha alegria esteja em vós e seja perfeita a vossa alegria",(Jo, 15,11).

Numa outra ocasião, afirmou Ele:

"E já ninguém vos tirará a vossa alegria!". (Jo, 16,23).

Ele disse, num outro momento:

"Mas a vossa tristeza se converterá em alegria". (Jo,16,22).

A alegria é uma energia maravilhosa, cujo substrato leva o cérebro a secretar hormônios que produzem sensações prazerosas.

Mesmo que o coração esteja mergulhado no mar da solidão; ainda que você esteja se debatendo nas ondas da aflição ou mergulhado no mundo tempestuoso da depressão, repita:

"Eu sou alegre, eu sou alegre, eu sou muito alegre!"

E ria, cante, brinque, dance, fale coisas

alegres. Sim, reaja impetuosamente, acenda a lanterna da alegria, mesmo que as pilhas estejam nas últimas, e essa luz vencerá a escuridão.

Qualquer pessoa sabe que basta a luz de um fósforo para acabar com a escuridão de milênios. Imagine que assim é com você. Uma palavra positiva acabará com a escuridão da sua alma.

Caso você esteja no fundo do poço, apele insistentemente para que Jesus o liberte e derrame cascatas de alegria no seu coração, tal como ele prometeu:

"Até agora nada pedistes em meu nome. Pedi e recebereis e será completa a vossa alegria". (Jo,16,24).

COMO CURARÁ A TRISTEZA

Contrária contráriis curantur – diz a sabedoria latina. As coisas contrárias são curadas pelas ações contrárias. A tristeza é curada pela alegria, o medo é curado pela coragem, o desânimo é curado pela boa disposição.

Talvez você esteja abatido, deprimido, sem graça. Que fazer para curar-se?

Use o poder da palavra, emitindo ordem contrária: "Eu sou alegre, sou animado, bem-disposto, feliz, positivo, otimista!"

Insistindo: a palavra é seu poder curador.

Toda a palavra produz a energia do seu próprio conteúdo. Toda a palavra produz a realidade do seu conteúdo. Desde que você use a chave. Assim sendo, a energia que vai curar a depressão, a tristeza, a solidão, é a energia da felicidade, da alegria e do amor.

Diga e repita muitas vezes por dia: "Eu sou alegre e feliz! Eu sou alegre e feliz! Eu sou alegre e feliz!"

De tanto repetir, você acaba aceitando essa mensagem como verdade. Eis a chave. Então, adeus depressão! Viva a vida!

***

Quanto mais você repetir,
mais energia se condensará na palavra mental,
mais força ela adquirirá,
mais irresistível se tornará.

A repetição fermenta a ideia
e a faz crescer a ponto de produzir a materialidade. Como acontece com o pão. Há uma crença judaica de que uma

ideia repetida quatrocentas vezes, torna-se realidade.

***

Lembre-se das palavras do famoso escritor inglês cristão Gilbert Keith Chesterton (1874-1936): "A alegria é o segredo gigantesco do cristão".

Michel de Montaigne (1533-1592) publicou três Ensaios em que faz não somente um estudo de auto-observação como também analisa o Homem no seu todo. Escreveu ele: "O sinal mais manifesto da sabedoria é uma alegria permanente".

Não pode haver sábio que não seja alegre, já que a alegria produz bem-estar e envolve positivamente a pessoa.

ALEGRIA
ALEGRIA

Grite dentro de si:

"Alegria! Alegria! Eu sou alegre. Eu sou forte! Eu sou saudável! Tudo está melhorando. Sinto-me cada dia melhor e melhor em todos os sentidos. O Poder

Divino está se manifestando em mim, criando a minha alegria, a minha saúde e o meu sucesso total nos negócios. Assim é agora e sempre".

Mentalize, repita, insista:

"Alegria! Alegria! Eu sou alegre e feliz. Tudo está melhorando na minha vida".

Comece a sorrir, a cantar cantos alegres e a só falar coisas que produzam energias positivas. E ria bastante. Por tudo e por nada. Ria até da sombra.

As energias da alegria modificarão a sua mente e a sua mente modificará o seu corpo. Com a mente alegre e o corpo forte e sadio, você chegará bem-disposto ao seu setor de trabalho, atrairá muitos clientes e seus negócios prosperarão.

Sua aura positiva e suas vibrações benéficas levarão você novamente ao sucesso.

20

CURE OS SEUS COMPLEXOS

Que diz você de si mesmo?

Se fizesse uma avaliação pessoal, que nota se daria?

Supõe-se pessoa bem-sucedida ou frustrada?

Acredita em si ou acha que sua vida só dá errado?

Inveja os outros ou tem convicção de que pode alcançar o que deseja?

Julga-se menos, igual, ou mais do que o resto da humanidade?

Quando você não gosta de si, quando se vê pior do que os outros, quando entende que não tem capacidade de alcançar seus objetivos e quando pensa que está condenado a viver abaixo da linha de sucesso – esse amálgama mental e emocional se chama "complexo de inferioridade". Ora, se é complexo, não é coisa boa e nem coisa certa.

A primeira atitude a tomar é demitir os complexos de inferioridade e superioridade, os medos, a timidez, as frustrações, os desvios de conduta, as autocríticas erradas.

Elimine agora mesmo tudo que diminui sua verdade de filho de Deus, obra-prima do Criador, autor da própria vida, dotado de sabedoria e poder ilimitados.

Não permita que alguém diminua sua dignidade, sua grandeza, sua inteligência, sua capacidade de autorrealização, sua fé no seu destino exitoso.

Não estou conclamando você a repudiar e agredir os que o menosprezam e nem a tirar satisfação aos que depreciam seu valor. O problema dos outros é problema deles. Estou convocando você a rejeitar intimamente tudo que não contribui para a sua verdadeira realidade.

Você não tem poder sobre os outros, mas tem poder sobre si mesmo.

Você é o que for a sua mente. Pelo discernimento, desconsidere o que não tem valor e fortaleça os pensamentos e ideias que contribuam para sua autorrealização.

Seu pensamento é sua palavra. E sua palavra é seu poder curador e libertador. Agora você sabe que a chave do segredo é crer firmemente na realização da sua palavra.

Metade de seus complexos são projeções de outras pessoas sobre você; a outra metade é você mesmo que os produz, fazendo elucubrações negativas e pejorativas sobre si mesmo. É fácil desfazer-se de todos esses males, porque você é dono de si.

A esposa, por exemplo, pode se sentir inferior ao marido e, então, deixar-se dominar por ele; o marido pode ter complexo de superioridade julgando-se dono da mulher, como pode sentir-se inferior a ela, que ganha mais ou é mais conceituada na sociedade.

Ninguém vai se sentir bem comparando-se aos outros. Compare-se a si mesmo, pois cada um é ser único.

Você pode julgar-se pessoa atrasada, menos inteligente que os demais, menos criativa, menos capaz. Pode, mas está equivocado. Lembre-se que você tem a inteligência dos grandes gênios. Não a bloqueie. Abra-a através de palavras em que reconheça essa verdade maior.

Não enterre os seus talentos, como dizia Jesus, mas manifeste-os.

A grandeza da sua alma é tão extraordinária, que você nem pode imaginar.

Se você se vê pequeno, recém escalando o primeiro degrau da escada, saiba que só se chega ao topo a partir do primeiro degrau.

Thomas Alva Édison, (1847-1931), o maior inventor do mundo, ao ingressar na escola, já no terceiro mês foi mandado embora, porque era um perfeito idiota e não iria aprender nada mesmo. Mas, não foi isso que ele colocou na cabeça. Começou a trabalhar naquilo que gostava e sua inteligência correspondeu plenamente.

O famoso bailarino russo Rudolf Nureyev, (1938-1993), que encantou as plateias da França e do mundo com seus malabarismos geniais, um dos mais fantásticos bailarinos do século vinte e o primeiro superstar do universo da dança, quando foi tomar as primeiras aulas de balé, o professor mandou-o embora, dizendo: "Você só pula que nem sapo, nada mais". Nureyev não desistiu, pois dançar era sua vida.

Acredite você também na sua grandeza.

Demóstenes, um grego, queria ser orador, mas era ridicularizado, porque sequer conseguia expressar corretamente as palavras. O que fez ele? Ia todos os dias à praia, enchia a boca com pedrinhas, e discursava para o mar a fim de aperfeiçoar a sua dicção. Tornou-se o maior de todos os oradores da Grécia antiga.

Conheço craques de futebol que iniciaram a vida profissional abaixo de vaias.

Você não deve se deixar abater pelos percalços, que possam surgir na sua vida. Eles até são benéficos. Fortalecem seu caráter.

Você tudo pode.

Se os outros puderam, você também pode. Ninguém é mais do que você. Use a chave.

Só há uma pessoa que pode derrotá-lo: você mesmo.

Vá em frente. Acredite em si. Não se preocupe com os outros.

Seja amigo de todos. Ajude a todos. Não fique com inveja, nem com ciúme, nem com dor de cotovelo diante do sucesso dos outros.

Ninguém está atrapalhando você.

Seu caminho está aqui. Vá em frente.

Ajude os outros a subirem e você subirá também.

Se pretende derrubar os outros, o seu subconsciente recebe esta mensagem, aceita-a para você, e o derruba também.

O que você acha que é bom para os outros o seu subconsciente acha que é bom para você. O subconsciente não raciocina e não seleciona pensamentos. Quanto mais você abençoar os outros, e quanto mais desejar que progridam, mais o seu Poder Interior atuará sobre você, fazendo-o progredir também.

Daqui para frente, abra as comportas da sua inteligência e mentalize: "Eu sou muito inteligente, aprendo tudo com facilidade e tenho ótima memória."

Certa vez, eu compus o Baralho da Felicidade, com mensagens para cada dia. A pessoa baralha as cartas e retira uma, que será seu horóscopo positivo do dia. A carta da INTELIGÊNCIA diz assim: "Eu sou muito inteligente. Hoje me conscientizo de que sou de fato muito inteligente. Nunca mais me tirarão essa verdade da minha cabeça. Eu sou muito inteligente. Aprendo tudo com facilidade e tenho ótima memória. Eu tenho a inteligência dos grandes gênios, porque Deus me criou tão inteligente quanto o ser humano mais inteligente. Eu sou muito inteligente".

Se você tem complexo de falar em público, de expor a matéria em aula, de conceder entrevistas de rádio ou televisão, de participar de rodas de amigos ou de amigas, mentalize que adora falar em público, que todos gostam de ouvir você, que tem ótimas ideias e facilidade de expressão, assim por diante.

Será que você não tem complexo de si mesmo? Há pessoas que se imaginam feias, nada atraentes, sem brilho, desinteressantes, fora dos padrões de beleza atuais. Longe de você esse complexo. Na natureza, nada existe de igual. Todas as flores, sejam quais forem os coloridos, o perfume, o formato e o tamanho - são lindas. Você é uma flor no concerto universal. Você é original. Ao invés de querer ser igual a outras pessoas, agradeça por ser diferente. O diferente sempre chama a atenção.

Lembre-se que beleza é estado mental, emocional e espiritual. Quem tem o coração iluminado de amor, é pessoa iluminada e atraente.

Sabendo-se que toda a palavra produz a energia do seu próprio conteúdo, você está iluminando o seu rosto e tornando-o muito bonito e simpático.

A beleza se expande através da iluminação interior. Não é sem razão que se diz que o rosto é o espelho da mente. O rosto é a resposta da mente.

Não esqueça que a riqueza e a pobreza também nascem na mente de cada um. São estados de espírito, portanto nem isto será razão para você sentir-se complexado.

O pensamento cria riquezas. O mundo exterior é resultado do mundo interior.

Abençoe a sua vida. Abençoe a divindade que existe dentro de si.

***

RESUMINDO

Como se desfará você dos complexos?

Não é brigando contra eles, mas criando uma nova realidade mental. Ao acender a luz, a escuridão desaparecerá.

Diz a bíblia que você é tal qual seus pensamentos, então mentalize agora as qualidades que farão parte da sua nova personalidade.

Use o poder da palavra interior. Não esqueça a chave.

A palavra é seu poder criador e curador.

MENTALIZE

"Eu fui criado à imagem divina, e nessa imagem do Criador não existe complexo. Sou feito à semelhança de Deus, por isso sou essencialmente perfeito, saudável, sábio, equilibrado, positivo e autoconfiante. Essa é minha verdade essencial e real. Daqui para frente, acredito em mim e no Deus que é em mim. Sinto-me seguro e poderoso e vivo a vida em paz, feliz, otimista, acreditando que tudo posso. Assim é e assim será".

21

A PRÁTICA DA CURA

Um dia, eu estava vendo uma máquina que produzia mosaicos. Conforme era colocada a tinta, os mosaicos saíam brancos, escuros, azuis, amarelos, enfim com diversas cores e arabescos. A mesma máquina produzia diversos tipos de mosaicos.

Assim acontece com a mente.

Muitas vezes você se admira de que, num dado momento, está triste, depois alegre, logo mais é invadido por uma tristeza inexplicável. São os mosaicos dos pensamentos jogados na máquina mental. Nada acontece por acaso neste mundo de Deus. Nada acontece por azar. Não existe a casualidade, mas a causalidade. Não há o acaso, mas a causa. Todos somos submetidos à Lei da Causalidade. Refiro-me à Lei de Causa e Efeito. Tudo tem a sua causa. E o efeito resulta da causa.

Quando você diz que está abatido e que não sabe porquê, significa apenas que você não parou para se analisar ou não quer dizer a verdade. É claro que não é obrigado a dizer o que se passa consigo, mas será que não tem conhecimento?

Se você enxerga uma laranja, sabe que ela não surgiu por acaso, mas veio de uma laranjeira. A causa da laranja é a laranjeira. Esta fez-se da semente, que produziu a planta, que produziu a flor, que produziu a laranja.

A sua melancolia nasceu de uma semente triste, que foi crescendo, tomando tamanho, amadureceu e produziu o fruto que você está consumindo agora. O caminho foi percorrido, o resultado aconteceu. Causa e efeito.

O MOSAICO BRANCO DA ALEGRIA

A sua alegria também vai nascendo, desenvolvendo-se e amadurecendo pelo pensamento. Palavra e pensamento são sinônimos.

Se você pensa ou fala alegria, torna-se alegre. Se derramar a tinta escura da tristeza no mosaico, a máquina mental produzirá um produto escuro, a tristeza. Lei de Causa e Efeito.

O efeito é produto da causa.

A casa, o carro, a poltrona, a televisão, qualquer coisa existente, tem sua origem na mente de alguém.

Pensar é poder.

Você é o que pensa.

Você é o que fala.

Você é o que acredita.

Você é o que ora.

Você é o que abençoa; você é o que amaldiçoa.

COMO ACONTECE O PENSAMENTO

Você tanto cria um pensamento quanto recebe. A mente pode agir de dentro para fora como de fora para dentro.

Quando a palavra vem de fora, você tem tempo de aceitá-la ou não. Você é dono da porta. A palavra bate, você atende, deixa entrar ou rechaça. Se a aceitar, ela é recolhida pelo seu subconsciente, que a metaboliza, a energiza e a realiza. Assim, quando alguém diz que você é uma pessoa muito agradável e você aceita essa ideia e concorda com ela, o subconsciente a realiza na sua vida. Você se torna pessoa agradável.

Veja como é importante conviver com pessoas que lhe ofereçam mensagens, ideias e pensamentos positivos e benéficos.

O grande filósofo grego Sócrates tinha razão, quando afirmava: "Dize-me com quem andas e dir-te-ei quem és".

No mundo de hoje, são milhares as mensagens que qualquer pessoa recebe exteriormente. Jornais, revistas, tevês, rádios, posters, placas, discursos, conversas, queixas, reclamações, invadem sua mente e tentam acolhida. Você pode aceitar ou rejeitar. As pessoas de sua convivência são como máquinas que projetam sobre você conceitos, crenças, opiniões, preconceitos, emoções, elogios, reprimendas, ânimo, desânimo, alegria, tristeza, comportamentos, atitudes. O que for bom, acate com alegria e gratidão. O que lhe causa emoções e sentimentos negativos e desoladores, faça entrar por um ouvido e sair pelo outro. Afinal, você é o dono exclusivo de si e tem o direito de assimilar só o que lhe faz bem. Tem não só o direito como a obrigação. E não só a obrigação como a necessidade, já que você colhe o que semeia.

Há pessoas sem ânimo e sem personalidade que aceitam tudo que lhe disserem e mandarem. São funil aberto. Nada fica impune. A tristeza, o desânimo, a descrença, a perda de identidade, resultam exatamente desse tipo de atitude. Se você é assim, rebele-se contra si mesmo, no bom sentido, proclame sua independência, hasteie a bandeira da liberdade e crie seu caminho e suas verdades. Tenha a certeza de que se sentirá outra pessoa. Mais livre, mais desamarrada, mais leve, mais alegre e mais satisfeita. Mesmo que para tanto seja necessário enfrentar chantagens emocionais de terceiros, seja forte, faça a sua vida, espraie felicidade, pois só você é responsável por si diante de Deus.

Não aceite mais a crença de que os outros são responsáveis pela sua desgraça. Deus quer que você assuma o comando do seu barco e para isso lhe deu todas as condições, principalmente sabedoria, liberdade, poder e felicidade. Não desperdice nenhuma dessas quatro bases existenciais.

Há pessoas que ficam travadas na vida porque os pais, ou parentes, ou amigos, ou a imprensa, avisam que a situação está difícil e a vida está complicada.

Tem gente que embota as energias e abandona os projetos porque foi convencida de que é incapaz, desatinada, irresponsável.

Seja forte. Seja inteligente. Seja dono de si. Seja você mesmo. Ponha em ação o seu próprio filtro, para que nada passe que não seja benéfico e saudável.

Deus é imanente em você. Pense nisso.

O CAMINHO

Acredite no poder de sua palavra interior. Mais do que isso, acredite que sua palavra é poder. É assim que se usa a chave do segredo.

Preste bem atenção sobre a tintagem que está colocando nos mosaicos da sua mente. Daqui por diante, produza mosaicos lindos, encantadores, radiantes e irradiantes.

Como você é dono da sua mente, crie apenas pensamentos positivos. Fale o que lhe faz bem.

A palavra, mesmo a dirigida a outras

pessoas, tem a matriz no interior de quem a emite. Este é o fundamento da Lei do Retorno. Daí que só há um caminho: pensar e falar unicamente aquilo que é benéfico a si mesmo. Fale alegria, amor, felicidade, prosperidade, paz, bom humor, altoastral. Fale o que satisfaz a si e aos outros. Elogie, cative, entusiasme, ilumine, agradeça, compreenda os erros e exageros dos outros.

Saiba encontrar uma palavra positiva para qualquer situação desagradável. Exercite a compaixão e a misericórdia diante dos destemperos alheios.

Em pouco tempo, você sentirá uma energia vigorosa em todo seu ser e abençoará a sua saúde.

É a cura pela palavra.

VIDA NOVA

A partir de agora, seus males desaparecerão, sua doença se esvairá, e você começará a viver um novo mundo, uma nova vida.

Alienação?

Há os que logo atacam, dizendo que isso é alienação.

- O que é alienação?

- É estar fora da realidade.

Qual é a verdadeira realidade de um filho de Deus?

É viver em estado de paz, de amor, de alegria, de bem-estar, de felicidade, de abundância, de fraternidade, de otimismo, de poder interior, de harmonia, de sabedoria, porque em Deus só existe o Bem.

Alienados, portanto, são os aflitos, os fracos, os doentes, os miseráveis, os fracassados, os medrosos, os agressivos, os decaídos, os negativos, os frustrados, os desgraçados, porque estão fora da realidade de Deus. Não estou ofendendo e nem faltando com a caridade, estou apenas exemplificando uma realidade.

Está você fora da verdadeira realidade?

Não se acuse, nem desanime.

Esta é a hora da sua redenção.

Este é o momento inspirado pelo Espírito que habita seu íntimo para dar início a uma nova vida.

Venha. Há um mundo lindo preparado por Deus para você. Você nasceu para ser feliz e para viver no reino dos céus. Venha apanhar as chaves desse reino maravilhoso. Ele existe. É seu. Não vire as costas. Faça da vida uma festa.

22

A FELICIDADE CURA

O Mestre disse: *"O reino dos céus está dentro de vós mesmos"*. (Lc 17,20-21).

Pela frase, fica claro que Jesus não se refere à outra vida.

Então, surgem as perguntas:

O que é o reino dos céus?

Onde se situa?

O que é preciso para entrar nele?

O reino dos céus não está nem aqui nem acolá: está dentro de cada um, afirmou Jesus. Significa que existe um lugar, no interior da criatura humana, que é o reino dos céus. O paraíso está dentro.

Já não se fala mais em paraíso terrestre, aquele de Adão e Eva, mas em paraíso humano. Parece incrível, mas o paraíso humano está dentro da própria pessoa.

A religião acrescenta o paraíso celeste, destino último dos filhos de Deus, que somos todos nós. Mas, como você ainda está do lado de cá, entre no seu paraíso interno e viva o seu reino dos céus.

É possível? Utopia?

***

Você, que está no fundo do poço, ou amargando uma desgraça insuportável, ou retalhado de desespero, saia desse inferno e entre no seu paraíso interior. Refugie-se no seu próprio reino celestial. A distância de acesso é mínima: apenas a palavra.

***

Coisa estranha: em você está o céu, em você o inferno.

- O que é o reino dos céus?

– É o estado de felicidade perene.

Felicidade não é atitude, nem acontecimento, nem sorte, nem riqueza material: é a substância humano-divina do prazer existencial.

***

Jesus, em certa ocasião, revelou que existe, no ser humano, um lugar "secreto onde habita o Pai". Trata-se de um espaço indizível, inefável, secreto, onde a divindade se funde na humanidade, o céu habita a terra, o paraíso mental e espiritual se estabelece no território humano, o Deus no filho de Deus. Este reduto é o reino dos céus.

***

O imperdoável equívoco das pessoas é supor que o reino dos céus seja uma gorda conta bancária. Mas, também é verdade que o reino dos céus não impede uma gorda conta bancária. Reino dos céus é estado mental, conta bancária é matéria.

Penetrando essa dimensão interior, você cura todos os seus males físicos, emocionais e mentais, porque no seu reino dos céus não existe nenhum sofrimento, nenhum mal, nenhuma enfermidade.

Além de buscar a cura lá fora, busque-a

dentro de si. Entre no seu reino dos céus. Depois, tudo o mais se conjugará para a sua libertação de qualquer desgraça ou desarmonia.

ABRE-TE SÉSAMO

Como encontrará o seu reino dos céus? Qual o caminho? Qual a chave? Qual é o "abre-te, sésamo"?

Ali Babá abria a caverna dos tesouros pela palavra. Ao dizer "abre-te, sésamo", o portal dos tesouros se abria.

O seu reino dos céus também se abre pela magia da palavra. Diga, com fé poderosa: "Abre-te, reino dos céus!"

De repente, você sentirá uma energia radiante e irradiante iluminando todo seu ser, e o seu centro vital reagirá derramando um complexo de endorfina, dietilamina, serotonina, oxitocina, opiamina, que fará você sentir-se no paraíso. É o êxtase. A paz, a felicidade e o amor transbordarão sentimentos venturosos em todo seu ser.

Não há enfermidade que resista a essa avalanche de luz curadora.

Imagine a soma de tudo que lhe deu prazer ao longo dos anos de sua vida e terá uma vaga ideia do que é seu reino dos céus interior. Nesse estado, cada instante é uma vida.

O que é preciso para entrar no reino dos céus?

Antes de tudo, acreditar nele.

Aquilo em que não acredita, deixa de existir para você.

Quando você proclama internamente "Abre-te, reino dos céus!", com a fé de um Moisés batendo com a vara na rocha para fazer brotar água, verá o reino dos céus abrir-se e envolvê-lo.

- Difícil de acreditar! – comentará você.

Foi por isso que o Rabi informou que, para entrar no reino dos céus, é preciso ser como as crianças: simples, crédulo, direto, positivo, sem questionamentos.

Nunca deixe de procurar a porta do seu reino dos céus. A porta, como ensinou o Nazareno, é uma só. Quem procura, acha. Aqui você já recebeu a chave que abre essa porta.

Vale a pena a busca. Aí está a felicidade. O amor. A paz.

***

Simplificando: reino dos céus é estado de plena felicidade. A palavra que faz você feliz é a chave do seu reino dos céus.

O "abre-te, sésamo" é: "felicidade".

Ao dizer felicidade, imagine alegria, paz, amor, bondade, calma, saúde, abundância, amizade, bem-estar, sabedoria, lucidez, equilíbrio, compreensão, segurança interior, verdade, justiça, benignidade, fraternidade, sorriso, magnanimidade, libertação, harmonia. Ou imagine o palácio dos seus sonhos, lindo, deslumbrante, iluminação feérica, salões de tapetes riquíssimos e lustres esplendorosos, jardins floridos e lagos ondulados pela dança de cisnes brancos... Como o subconsciente não distingue entre imagem e realidade, você sentirá os eflúvios da magia celestial.

IMAGINAR É SER

Sua mente é como um jardim. Quanto mais flores - mais lindo, mais florido, mais perfumado, mais encantador o seu jardim.

Os pensamentos são as flores do seu jardim do éden interior e exterior.

Todo pensamento acreditado tem o poder de tornar-se realidade existencial.

Anote que não são os comprimidos, nem a bebida, nem a comida, nem as drogas que lhe abrirão as portas do reino dos céus, mas os seus pensamentos felizes mentalizados com fé, convicção e persistência.

Um dia, Deus criou lindas flores coloridas e perfumadas, estrelas brilhantes, montanhas majestosas, fez o encanto das aves, a grandiosidade das cascatas, a poesia dos lagos, a suavidade do luar, o alegre azul do céu, o fulgor das pérolas, o vigor das florestas, a grandeza dos mares, a energia esplendorosa do sol, a vitalidade dos animais - e depois disse: Agora quero fazer a criatura mais linda, mais feliz e mais amada do universo. E criou você. E colocou-o no reino encantado dos céus. E para evitar que você se afastasse desse reino mágico, estabeleceu-o no seu coração.

Nada mais e nada melhor poderia fazer por você.

ENTRE

Todos querem ser felizes, mas muitos se sentem barrados. A porta não abre. E usam como argumento a passagem do evangelho em que Jesus dizia que a porta é única e estreita. O fato de a porta ser uma só e estreita não significa que seja difícil. O Mestre não avisou que a porta tinha tranca e nem que estava chaveada. Simplesmente revelou que há apenas uma porta para entrar no reino dos céus. É a porta do seu coração. Vá lá e entre – é o desejo de Deus. Outras portas não funcionam. Ponha a mão na porta certa, gire a chave, e entre. Entre. Diga "abre-te, portal da felicidade" e a porta se abrirá. Não está trancada, nem chaveada, nem guardada por leões ou guerrilheiros. Entre, por favor.

Muitos chegam até a porta e titubeiam. Tomados de indecisão, continuam a vida do jeito que está, com altos e baixos, vitórias e reveses, amarguras e alegrias, tempos de glória, tempos de depressão.

Seja ousado. Se o maior de todos os sábios garantiu que essa é a verdadeira porta da felicidade, do amor, da saúde, da prosperidade, da paz, então entre, sem medo.

Não tem coragem? Sente-se agitado? Estressado? Deprimido? Desanimado? Solitário? Entenda que agitação, estresse, depressão, desânimo, solidão, são roupas que você está vestindo. Apenas roupas. Não fazem parte do seu verdadeiro ser. Retire-as de si.

Você foi feito para a felicidade, para fazer da vida um maravilhoso reino dos céus.

A chave que abre a porta do seu paraíso é o pensamento positivo acreditado. Este é o "abre-te, sésamo" do reino dos céus.

Sua palavra é seu poder criador – já lhe foi dito.

Sua palavra contém a magia divina do "faça-se".

23

CURE SEU SENTIMENTO DE MENOS VALIA

Você se detesta?

Talvez até odeie olhar-se no espelho. Como pode abominar-se, sabendo que é obra-prima de Deus? O Criador, um dia, imaginou você e pensou: "Vou fazer com que exista esta maravilha que está na minha mente".

E fez com que você existisse, com essas qualidades e dons, com esse coração amoroso, com essa vontade de ser feliz, com essa tendência inata de levar a vida prazerosamente, com esses sonhos a realizar, com essa beleza física original, diferente de qualquer outro ser humano.

Você é único, porque Deus não repete. Criou você e rasgou o molde. Agora, vem você dizer que não presta, que é uma criatura feia, sem graça? Assim, você está desfazendo a capacidade artística divina.

É bom saber que não adianta se olhar no espelho se a mente obtusa e míope não permite a visão correta. Muitas beldades miram-se no espelho e torcem a cara diante do que veem. Onde está o problema?

Hoje você vai olhar-se exatamente como Deus imaginou você. Não inveje os outros, porque você tem dons que ninguém tem. Comece a amar-se desde agora. Então, seu mundo se iluminará e, seu mundo se iluminando, você começa a enxergar a vida cada vez mais bonita. Dessa forma, torna-se fácil amar a vida.

Acorde de manhã abençoando a si e ao novo dia que nasce, e percorra-o como um príncipe, ou princesa, pelos jardins deste paraíso terrestre.

CRIE A SUA SAÚDE

Você poderá estar pensando assim:

"Tudo bem, mas acontece que eu sou uma pessoa doente".

E não há um poder curador dentro de si? Há. Sim, há um poder curador em você. Faça explodir as energias da saúde que existem no seu íntimo.

A saúde já está dentro de você. Comece, desde agora, a acionar as forças energéticas da revitalização, através da sua palavra, da sua oração, da sua mentalização, do seu pensamento, da sua imaginação. O que você pensa, passa a existir.

O que existe não é só o que enxergamos nesta dimensão física, como a roupa, a cadeira, a pessoa, a parede... Não, o que você cria na dimensão mental também começa a existir. A única diferença é que você não enxerga fisicamente o que se situa na esfera mental.

Se você visualiza um sol divino a jorrar sobre o seu coração físico, que está em más condições, falhando, esta luz divina estará realmente jorrando, refazendo, recriando, reativando os tecidos, músculos, veias, artérias e válvulas do seu coração. Se somar, a estas energias mentais, as forças espirituais geradas pela sua oração positiva, o seu coração começará a tomar forma saudável e vigorosa, pela condensação dessas energias.

Antes, você podia dar, talvez, apenas uns 250 passos e parava, sem fôlego. Agora sente que pode ir mais adiante.

Ame o seu coração e torne-o seu grande amigo. Diga carinhosamente a ele: "Eu amo você. Confio em você. Vamos em frente, amigo, com coragem e força, um ajudando o outro". Seu coração reagirá de acordo, porque todas as células e todos os órgãos são seres vivos e você sabe que tem poder sobre os seres vivos.

Você é o eu-superior; eles são o eu-inferior e obedecerão a você. Essa é a escala da vida.

CONTA SAINT-EXUPÉRY

Eu nunca esqueço uma história que li, em Saint-Exupéry, famoso escritor, autor dos livros "O Pequeno Príncipe", "Terra dos Homens", "Voo Noturno", e outros. Saint-Exupéry era piloto de avião, desses aviões frágeis, que antigamente levavam o correio de um país para outro.

Conta ele que um colega estava transportando o correio de Santiago do Chile para

Buenos Aires e, obviamente, tinha que atravessar os Andes. Quando sobrevoava as montanhas nevadas dos Andes, foi colhido por uma grande tempestade de neve, o avião perdeu altura e acabou caindo no meio dos penhascos nevados da cordilheira. O piloto não se feriu, mas não sabia onde estava. Viu-se perdido e sozinho naquele imenso oceano branco. Se ali ficasse parado, estaria perdido. Começou a caminhar ao acaso. Quem sabe, chegaria a algum lugar, onde encontrasse uma viva alma, algum socorro, uma casa. Podia ser que, além dessa montanha, existisse alguma fazenda, alguma chácara, alguma pessoa. O homem caminhava sem parar, sob um frio de gelar. Andou um dia, uma noite, mais um dia... Acabaram os alimentos e ele continuou caminhando. Os pés incharam e teve que cortar as botinas para dar mais espaço. Prosseguiu caminhando, cansado, no frio da noite, embora já com uma vontade imensa de deitar e morrer de uma vez. Mas, pensava: "Se a minha mulher acredita que estou vivo, tem certeza que estou caminhando". Esse pensamento era uma força para ele. Sabia que não podia parar, nem sentar, nem deitar, porque, se o fizesse, morreria congelado.

Cansado, esgotado, de repente o coração já não tinha mais força e começou a falhar. Estava em vias de colapso. Seria o fim. Ele, então, conversou com o seu coração: "Vamos, coração! Vamos! Coragem! Você pode! Continue! Vá em frente! Você pode! Eu acredito em você. Vamos, mais um pouco, coração, mais um pouco! Isso mesmo. Força!" O coração voltou a bater, inicialmente devagarinho, descompassado, depois com vigor! E ele foi seguindo pela neve, subindo e descendo montanhas, na esperança de encontrar socorro. Andou errante um dia, dois dias, três dias, quatro dias, cinco dias e quatro noites... Só foi encontrar alguém no quinto dia. Mas, estava nas últimas.

Levaram-no imediatamente para o hospital. Conseguiu se salvar. Exupéry foi visitá-lo. Quando o piloto contou a história do coração, exclamou: "Como eu tenho orgulho do meu coração!"

Eis aí uma lição para você, cujo coração está querendo se entregar. Dê força para ele, converse com ele, ore, ajoelhe-se mentalmente dentro do seu coração, jorre energia espiritual. Verá que seu coração começará a bater com mais energia e com mais vitalidade.

Nunca desanime. Jamais se entregue. Persista e uma força poderosa virá em seu socorro.

Quando você pensa que está no fim, está no fim, porque o seu subconsciente atende à sua palavra, ao seu pensamento.

Vá em frente! Vá em frente! Você pode!

RECOMEÇO

Modifique a sua vida.

Crie os seus caminhos.

Renove o seu corpo.

Ilumine a sua mente.

Encha de amor o seu coração.

Saia daqui uma nova criatura. Então, sim, você contemplará este mundo com alegria e com olhos deslumbrados; verá as pessoas como irmãos seus; e valorizará a vida como inestimável presente do Infinito.

Sinta imensa alegria de viver.

Transmita essas vibrações para os seus familiares.

Faça uma mentalização agora. Penetre o âmago do seu ser, o aconchego do seu secreto, onde habita o Pai, e agradeça a saúde e o dom da vida.

E seja feliz. Muito feliz.

24

EXEMPLOS DE CURAS PARA FORTALECER A SUA FÉ

Durante alguns anos, realizei a Noite da Cura, uma sessão semanal, com palestra, perguntas e respostas, relaxamento e bênção da saúde. Muitas curas aconteceram.

Ao longo das jornadas que realizo, por esse mundo de Deus, muitas maravilhas ocorrem. Assim como também recebo depoimentos de curas e soluções obtidas através da leitura de meus livros.

A JOVEM COM PROBLEMA DE VISTAS

Uma jovem, que já havia perdido uma vista, estava em tratamento médico para salvar a outra vista. Certo dia, ao retornar da consulta, esta jovem estava muito desolada. Contou para a mãe que o doutor lhe dissera que também essa vista estava perdida. Só um milagre.

A mãe, passado o impacto da má notícia, exclamou: "Vamos hoje à Noite da Cura e você vai ver que Deus vai curar você".

De fato, naquela Noite da Cura a jovem recuperou as duas vistas.

A VERRUGA DESAPARECEU

Um senhor contou que fora participar de uma Noite da Cura e mentalizara o desaparecimento de uma verruga muito doída, na mão. Cada vez que colocava a mão no bolso e cada vez que encostava a mão em alguma coisa, sentia fortes dores.

Naquela noite, viu a Luz Divina iluminando a sua mão e principalmente essa parte da mão. Tudo terminado, foi à Estação Rodoviária para tomar o ônibus a fim de retornar à sua casa. Ao colocar a mão no bolso, retirou o dinheiro, pagou a passagem, tornou a colocar a mão no bolso e só então se deu conta de que não havia sofrido nenhuma dor. Estava completamente curado.

QUANDO ACREDITOU CUROU

Certa vez, fui realizar a Noite da Cura numa cidadezinha perto de Santa Maria. Uma jovem lá estava, embora não acreditasse em nada. Durante o relax – relatou ela – fazia gozação de tudo, mas, aos poucos, foi se concentrando e, a certa altura, começou a mentalizar o desaparecimento das verrugas de seu rosto. As verrugas desapareceram.

OUTRAS CURAS

Uma pessoa prestou depoimento e chorou de alegria, porque sofria dos rins, tomava remédios, sentia dores e, na oração da cura, as dores desapareceram, não toma mais remédios e está curada.

Em 1981, uma senhora foi participar da Noite da Cura, porque sofria de grande angústia. Ao chegar no auditório, estava tão aflita, que nem queria permanecer no local. Nessa noite, porém, chorou desesperadamente, aliviou-se e resolveu o problema. Tinha uma briga com uma pessoa e se sentia angustiada, pois não sabia se essa pessoa estava viva ou morta. Naquela mesma semana encontrou a pessoa, conversaram amigavelmente e tudo ficou esclarecido. Procurava ainda outras pessoas, que a prejudicaram, para se perdoarem. Encontrou todas essas pessoas, que se explicaram, e tudo ficou bem.

Ela trouxe para a Noite da Cura uma irmã, que sofria de frieiras, com fortes dores. Ficou completamente curada. Também curou uma dor de ouvido, que sofria há anos, cujos tratamentos tinham sido ineficazes.

Esta senhora tinha um vizinho, que se tratava com médicos há muito tempo, mas estes não encontravam doença. Mentalizou-o numa Noite da Cura. O vizinho foi ao médico e descobriu-se que o problema era uma congestão no estômago e o tratamento deu resultados.

Uma jovem precisava ser internada para operar-se. Veio à Noite da Cura, antes da operação, e curou-se. Também narrou que se libertou dos problemas de coluna através do pensamento positivo e da fé.

Uma mãe contou que tinha um filhinho, de dois anos e meio, desenganado. Trouxe numa Noite da Cura e ele ficou completamente curado.

Uma jovem estava desenganada pelos médicos. Numa Noite da Cura ficou totalmente curada. Os médicos disseram-lhe: "Graças a Deus e não a nós".

Uma menina se encontrava mal, no hospital, com febre alta. A senhora foi à Noite da Cura para mentalizar a garota. Ao chegar em casa, recebeu telefonema de que ela estava bem e no dia seguinte saiu do hospital.

Uma pessoa, que tomava calmantes há muitos anos, deixou de tomá-los e dorme muito bem.

Uma menina, que tinha paralisia na mão, conseguiu ir à aula, estudar e escrever com a mão que era paralítica.

ELA E O MARIDO SE CURARAM

"Já adquiri muitas graças, adquiri a saúde do meu marido, que tinha um tumor no peito e queria se operar, estava por se operar. Mas, graças a Deus, depois que continuei aqui fazendo as suas preces, as suas doutrinas, graças a Deus ele está sadio, bom, não sente mais dor no peito. Eu também estava por ser operada e não foi preciso, graças a Deus. Mais uma vez eu agradeço a Jesus e que toda essa corrente seja cada vez mais forte e mais poderosa. Muito obrigada".

A CURA DO NETO DESENGANADO

"Eu vim hoje agradecer por ter alcançado uma graça muito grande. Um neto meu, muito doente que ele era: se operasse, ele morria, e, se não operasse, morria também; mas eu vim com fé, na Noite da Cura, e o meu neto ficou curado. E minha nora veio uns dois ou três dias depois, trazendo o meu neto já quase bom do estômago dele. Então, vi que era uma fé muito grande que aqui eu alcancei, aquela graça na cura de meu neto. (Depoimento de um senhor)

DEIXOU DE BEBER

Na noite de 31 de agosto de 1982, uma senhora agradecia a Deus por ter seu marido deixado de beber: "Olha, eu tenho um esposo que bebia. Eu vinha aqui, mentalizava e trazia ele perante Jesus na hora da mentalização da cura. E eu enxergava direitinho Jesus impondo as mãos na cabeça dele. Eu pedi tanto e uma noite eu vim no Círculo de Energização, colocaram o nome do meu marido na lista das pessoas a serem mentalizadas pelo Grupo de Energização. Eu queria tanto que meu esposo deixasse de beber e eu estava vendo que ele não iria resistir por muito tempo, porque se encontrava muito doente. Eu vim só uma vez, porque não pude vir nas outras noites e, graças a Deus, ele não bebe mais. Está bem, está um pouco trêmulo, mas eu espero que ele deixe aquele tremor. Ele tomou a água energizada, quando antes ele nunca quis tomar aquela água. E um dia eu pedi: "Tome esta água, é benta, é da religião católica". Porque ele é católico, vai à missa, agora não vai à igreja porque ainda está assim. Então, ele disse pra mim, depois que tomou essa água: "Eu não posso mais sentir o cheiro da cachaça". Então, isso é uma grande fé, é uma graça que eu estou agradecendo".

ELA SOFRIA DIVERSAS DOENÇAS

Veja este depoimento de uma senhora:

"Eu venho aqui hoje com muita alegria e com muita satisfação e me sinto muito feliz por ter alcançado tantas graças depois que comecei a frequentar as Noites da Cura. Eu sofria muito do fígado. Não podia comer nada porque tudo fazia mal para mim. Hoje, graças a Deus, já posso comer de tudo, que nada me faz mal. Depois, também, eu sofria de frieiras nos dedos dos meus pés. Fazia quinze anos que eu sofria dessas frieiras. Não podia mais usar calçado fechado e era um terror de tanta dor que eu sentia nos meus pés. Meus pés ferviam e viviam cheios de feridas. Eu já não aguentava mais vir a Santa Maria de tanta dor nos meus pés. Eu vinha na Noite da Cura e mentalizava os dedos dos meus pés e, graças a Deus, agora estão perfeitos. Já uso calçado fechado, me sinto bem, alegre, feliz e contente.

Também sofria dos rins, sofria dores nas minhas costas e nas minhas cadeiras e sobre as minhas pernas e dava febre. Nada adiantava, eu fazia de tudo, cada vez era pior. Eu vim aqui na Noite da Cura com muita fé e me curei, graças a Deus, e não senti nunca mais dores nos meus rins. Agora eu faço de tudo e uso sapato de salto, quando antes ao andar de salto alto eu quase morria de dor. Agora uso sapato de salto alto e não me faz mal e me sinto sempre bem.

Quero contar ainda outra graça: "Meus filhos sofriam muito de asma. Graças a Deus, eu trouxe eles três vezes na Noite da Cura e, depois, eles ficavam em casa com o pai e eu vinha lá de longe, da onde eu moro, e trazia eles na mente e dizia: "Jesus, instrui meus filhos, que nunca mais eles sofrerão da asma". Passava noites e noites sem dormir, em claro, cuidando deles; quando não dava asma num, dava no outro. Graças a Deus, obrigada Jesus, estão em perfeita saúde e bem felizes. Nunca mais sofreram de asma. Muito obrigada".

Um senhor estava quase cego de uma vista. Na Noite da Cura a vista melhorou e está enxergando perfeitamente.

Uma pessoa sofria muito dos intestinos, com rebelde prisão de ventre. Ficou curada.

Há uma série grande de depoimentos, como daquelas pessoas que curaram dores de cabeça, pontada, taquicardia, pressão, coluna, reumatismo, problemas nos rins, na bexiga, depressão, tristeza, insônia, assim por diante.

Diversos indivíduos, também, se libertaram do hábito da bebida. Alguns, até, eram alcoólicos inveterados.

***

Durante certo tempo, eu realizava Noite da Cura, antes dos cursos, em Belo Horizonte. Houve muitos depoimentos maravilhosos.

Lembro, porém, do caso daquele garoto que, numa Noite da Cura, onde participavam cerca de quatro mil pessoas, no antigo auditório da Secretaria da Saúde, fazia o relax, deitado no piso do palco, ao meu lado. Este menino sofrera, alguns meses antes, uma queda de um muro, a cabeça bateu numa pedra, produzindo ferimento craniano de séria gravidade. Após intenso tratamento médico, o problema ficou sanado, sobrando, porém, uma terrível dor de cabeça, que nada podia aliviar.

Naquela noite, durante o relax, o garoto adormeceu e, quando acordou, estava livre da dor de cabeça e muito feliz.

Noutra ocasião, enquanto eu falava para

a multidão, levaram-me, no palco, uma senhora desesperada, que queria matar-se naquela noite, já tendo o revólver na bolsa. Convidei-a a assistir calmamente a sessão e depois conversaríamos. Procurou-me, após, completamente liberta, feliz e agradecida.

Numa outra Noite da Cura, um rapaz fora convidado pelos colegas para participar, mas rejeitou o convite, ridicularizando os amigos por se meterem numa "caretice" dessas. Ao sair da casa dos amigos, em sua moto, sem saber como e porquê, foi parar no auditório onde ia realizar-se a Noite da Cura. Entrou e ficou ouvindo muito descrente e contestando tudo interiormente. À medida que os minutos iam andando, começou a se interessar pelo conteúdo, achou fundamento, prestou atenção, fez o relaxamento com a mentalização das afirmações positivas e, no final da sessão, era outro jovem, muito legal, muito feliz, positivo. No seu depoimento de uma hora, na casa da coordenadora, contava entusiasmado como se dera a sua maravilhosa modificação interior. Era outra pessoa.

Muitas outras curas aconteceram. Muitos depoimentos venho recebendo. Talvez você conteste a veracidade. Não importa.

Como você tem espírito crítico e autonomia de pensamento, com certeza fará a sua própria experiência. É assim que agem as pessoas inteligentes e maduras. Você tem a chave.

PROGRAMA DE CURA

A ampliação do roteiro de viagens pela América do Sul e Europa, diminuíra o tempo disponível em Santa Maria, de tal forma que, desde o ano 2.000, não acontecem mais as sessões de cura, no Teatro Santa Maria. Para sanar essa lacuna, gravei o CD de título PROGRAMA DE CURA. Com fundo musical apropriado, você fará relaxamento; mentalização da paz, para a libertação de angústias e depressão; mentalização para a saúde do corpo; ligação em Deus, poder curador infinito; e, por fim, a cura em nome de Jesus.

AGORA FAÇA A SUA VIDA

A chave está com você. É tão livre para jogá-la fora como para usá-la em seu benefício. A opção é sua. Como diz um provérbio chinês: "Os mestres podem abrir a porta, mas só você pode entrar".

Este livro se revestiu de um sincero desejo de abrir-lhe a porta. Deixa-lhe a firme certeza de que o poder da fé, revelado por Jesus, não é privilégio de pessoas especiais, mas pertence a todos. Você não é exceção.

O CD, mencionado acima, vai ajudá-lo a entrar na dimensão do seu espírito, para que a Presença Divina efetue a cura.

Catherine Ponder, no seu livro "A Oração: Chave de Todas as Riquezas", escreveu: "Estima-se que oitenta por cento de todas as doenças resultam de emoções contidas. Vemos exemplos disso ocorrerem a todo instante: dores de cabeça, resfriados e muitos problemas corriqueiros aparecem depois de um conflito emocional. A consciência de Cristo é muito poderosa na cura porque a primeira coisa que faz é proporcionar paz de espírito. Essa paz de espírito cura as mágoas, temores, ressentimentos, ciúmes e outros conflitos emocionais, que simplesmente desaparecem face à tranquila consciência de Cristo".

Nunca desista da cura. Você pode. O milagre não é o rompimento da Lei Universal, mas a maneira admirável como ela acontece.

Lembre-se que sofrimento não é destino, mas consequência. Livre-se dele.

Desfrute a vida, como alegre, feliz e saudável filho do Criador desse lindo paraíso terrestre.

Esqueça o passado. Perdoe-o. E viva este dia, como presente do Infinito.

A vida é uma festa, aconteça o que acontecer.

Leve a chave do segredo consigo e as portas da vida se abrirão de par em par.

Beijos no coração.

Fim

ÍNDICE

CAPÍTULO 13

CAPÍTULO 14

CAPÍTULO 15

CAPÍTULO 16

CAPÍTULO 17

CAPÍTULO 18

CAPÍTULO 19

CAPÍTULO 24